易經八字闡微

何椏鑨 著

論不準是我的錯
沒有看是您的錯

作者經歷

何棰鑨

輔仁大學推廣部 易學講師
中國易經推廣教育學會 易學講師
佛光大學推廣教育中心 易學講師
中華易經研究所 所長
中國現代化文化基金會 易經研究學院院長

目錄

徐健麟 序

『及早學易懂易用易，人生如虎添翼！』

最近幾年韓劇、韓團相當火紅，風行全世界，數億人因為韓劇、韓團而認識了韓國國旗，認識了太極、認識了陰陽、也認識了乾坤坎離；不管你是怎麼想的，太極、兩儀、四象、八卦……，這原本就是我們華夏老祖宗留下來的數千年文化資產，竟然因流傳至朝鮮半島，而風起雲湧讓世人更眾所周知。

近年因疫情的關係，印度少年阿比吉亞．阿南德也相當火紅，十歲開始研習吠陀占星術的阿南德，靠著現代科技YouTube傳播，幾次精準預言令人驚奇，有人稱為「神童」、也有人起底說是「騙子」；不管你如何看待，易經、吠陀經、聖經，同列世界三大經典，婆羅門教與印度佛教的吠陀經，倒是因此而愈來愈散發耀眼光芒。

《易經》做為華人文化裡的群經之首、大道之源，這部被公認現存全世界最古老的經典，自五千年前從伏羲氏結繩紀事畫八卦、周文王演六十四卦、到孔子與門生撰寫易傳，雖得儒道共尊為舉世瑰寶，但迄今對大部分現代華人來說，因為對符號學的應用疏離，也似乎因為三百八十四爻太過包羅萬象，只能停滯於雲裡霧裡，或侷限於神秘的占卜卜筮、算命風水之學，宗教迷信之術，或拜西方近代科學的強勢壓境而反讓其限於老舊哲學之譏。

其實，易經，是科學的。早在十七世紀末十八世紀初即被西方人翻譯成拉丁文，這套以「陰」、「陽」二元對數的理論，讓發明計算機的德國哲學家兼數學家戈特弗里德．威廉．萊布尼茲（1646～1716年）大為驚豔，論文還特別提及伏羲氏「易經」與其「0」、「1」之二進位制之共通處。既然現代應用普遍的計算機、手機、電腦、甚至量子計算機，都是科學衍生性產品，那易經未來的科學性發展，更應該是可以期待的。

的確，易經，確實是老東西。但「Old is new」老東西更要有新創意！我總認為：現代人不應像孔子一樣，一定非得等到有人生歷練了才

「五十學易」；而是應該及時儘早學易、懂易。易經之乾坤陰陽、五行八卦應該隨著時代與時俱進，更年輕化、更應用化、更數位多樣化！它，可以融入現代科技平台；它，或許可以變成年輕偶像劇的基調；它，也許更可以變成虛擬世界元宇宙的重要元素……。

這些新的可能性，都需要新時代的年輕人承傳並巧妙「變化」。

在易理中，變，是主動力；化，則是受動力。鑽研易學數十年的何棰鑨大師，不吝將畢生所學主動集結成冊、字字珠璣，我相信本書除了令所有讀者耳目一新之外，也將更臻至莊子「外化內不化」境地，於此更期待能吸引年輕人及早學易、懂易並用易，讓起起伏伏的人生路，即使不能如虎添翼，至少能潔靜精微、平安順遂！

銘傳大學助理教授 徐健麟謹誌

二〇二二年六月二十一日

王庠登 序

欣聞何大師鉅著即將發表，必再掀起五術界的大震撼。何老師上承八卦祖師的默佑和啟發，加上自己敏銳覺知的天賦，常有知人所不能知的見解及悟人所不能悟的思維。身邊總有一群有識同好追隨著，在〔LINE〕群組屢常有闡發易理的高見，其論述、表達皆稱易不離生活。何大師由簡易開顯天道，以變易演繹人生，引領眾生同霑易學的法益，素享易學泰斗之美譽。當今唯有大師的天爵足以擔負傳承大易的使命與福報。

當代治易能像何大師推闡易象以言八字，源脈清晰、字字珠璣已屬難得，再能近取諸身、遠取諸物，將易象研幾之義融入更是少見。其將六十甲子結合易經各卦的卦象、辭文、象意，深入淺出、平正通達表述，又將天、地、人三才全方位融入八字命理，顛覆傳統論命方法，實令人耳目一新。易是教人知時變的書，知幾知時至為重要，何大師鉅作不只雅俗共賞，也是開易學之另一法門，其所談非考古又非玄論，切應於時代人事所需，將經學轉為有用的學術。

易道廣大精微，範圍天地之化而不過，曲成萬物而不遺。聖人體悟易道乃知崇德而廣業。將人生目標定位在追求內聖外王、度己度人的德業。內聖度己達樂天知命之境，外王度人必道濟天下之行。何大師長期耕耘文化瑰寶易經便是樂天知命，將所體悟精華著書流通人間就是道濟天下。大師多年浸濡聖學，已達知日月之明、知時空之變、知人我之異同的智慧。透過文字概念，在時空交會下，久而久之，由主觀的認知已脫胎成為客觀真理，也趨近宇宙本體呈現真理的見識。時值人心迷失、思想散亂，何大師適時出現，精心鉅著似定海神針，為眾生指引一條覺知明路。

回首二十二年前，由何大師一本《**六十甲子象義**》的啟迪和**九天玄女**「**利人**」宗旨的感召，有緣研讀易學，實是人生一大幸事。在興趣引導進而能學以致用下，深得社會人士的認同和喜愛。爰於民國一〇七年（戊戌年），得志同道合的好友支持，共創社團法人中華乾道學會，落實以易經利生經世，蒙何大師移尊南下台中，蒞臨學會作易經導讀，教誨和啟迪學員；其易經系列著作，學員們人手一冊同受啟蒙，特表謝意。

仲夏之時，逢何大師邀寫序文，頗為受寵若驚！遂將其書再讀一遍，感悟甚深，僅申數語，希望大作廣利眾生，向棰鑪大師致賀，也向讀者推薦。

社團法人中華乾道學會
理事長　王庠登

壬寅年立秋

吳睿誌 序

中華文化源遠流長，其中《易經》被奉為群經之首，更讚譽為「人更三聖，世歷三古」。《易經》歷經伏義、文王及孔子，伏羲為上古、文王為中古、孔子為下古時代，從上古的天道思想到中古的神道思想，及至下古的人道思想，且後世是以人道思想理論做為基礎的。何棰鑨大師則融會貫通伏羲天道思想，文王、周公的神道思想，以及孔子的人道思想，將《易經》富哲學化的作闡述及應用，並將理、象、術、數融入八字學，進而開創出其獨特的理論。

《易經八字》建基於陰陽兩氣的深度探討，並帶入季節與氣候，將命盤中六十甲子的每柱情性契於自然現象，而作完整的解說，且將天干五合、地支合冲、三會、三合、刑害……等基礎理論作重新詮釋。讓初學者一目了然、愛不釋手！亦能藉此去理解易體實象，而能更深切地體會出大自然的奧祕，著實妙哉！

孟子《告子下篇》曰：「天將降大任於斯人也，必先苦其心志，勞其筋骨，餓其體膚，空乏其身，行拂亂其所為也，所以動心忍性，增益其所不能。」或許三聖祖師爺降下重責大任在何大師身上，先使他內心痛苦、筋骨勞累、受思緒飢餓，以致神氣消枯、諸事不遂……，通過這些來使他內心更堅定、目標更明確，以增進他尚未具足的體認。吾觀何大師專注易學研究卅餘載，嘔心瀝血、廢寢忘食，方能誕生諸多《易經八字》著作。

大師陸續推出有關易學著作，如果他在當世研易學者排名第二，則難見第一（可能已逝或尚未出世！）其著作有《易經八字新論》、《易經八字證釋》、《文王卦形態新論》、《易傳還真》、《易經八字還真》、《六十四卦應用》、《易經八字神斷》，這些著作結合佚失已久之連山易、歸藏易，以大自然、天象的方式來倡導易經八字。除了可以提供五術同好研習易經結合八字外，並能破除傳統四柱八字之盲點：如身強、身弱、喜忌用神、正偏財、官、印之顛覆與驗證。

感謝何棰鑨大師盛情邀約，有幸於大師撰寫過程中時時濡首增進！回想庚寅年，何老師受中華風水命相學會，當時之洪理事長邀請至本會演講，題目是《六十甲子象義》應用；在演講會上本人當場提供小兒生辰八字，何老師以易學角度，根據此八字斷論分析：其父生此子後事業會開枝散葉，但隔年在河邊的兩家餐廳也會結束營業。心想，我與大師素未謀面，僅根據生辰八字便能探究出其父親事業興衰細節及因由，事後也逐一驗證，因而感嘆，何大師乃神人也！

最後祈望所有學易者開卷有益！能將易經生活化、生活易經化！達到「天人合一」之功效，進而福慧雙修、趨吉避凶！身體健康！闔家平安！

中華風水命相學會第九屆、第十屆理事長
金龍堪輿學會副理事長
國立雲林科技大學漢學應用研究所碩士
財團法人雲林縣儒宗文教基金會董事
財團法人益和基金會顧問
新竹縣山崎國小校務顧問
必翔集團首席顧問
順馳地產公司顧問
精元生物科技股份有限公司顧問
中國河南周口伏羲大典大典主席
易經統計學者　吳睿誌

服務項目

＊易經名片學　＊易經姓名學
＊易經數字學　＊易經統計學
＊易經陽宅學　＊易經八字學
＊易經堪輿學

服務電話：0909-310-944
服務地址：新竹市東區民族路178巷2之1號

賴麗如 序

『易經的最高智慧，就是人生成功之道。』

元亨利貞是《易經》中相當常見也最難解的占辭，《易經》除了是蘊含天地法則的上古奇書外，也是人類千年匯聚的智慧總綱要，其實易經不僅僅啟示著人生的法則，更告訴我們如何取得成功。

許多人在尚未習「易」前，會誤以為易經只是一門道法，其實易經是取「諸子百家」之智慧再優化而來的一套高深智慧！若要了解致富與成功之道，就必須先學習這套人生頂尖的思維模式，當你擁有了這套思維模式，就能運用易經的智慧於人生中；同時也是哲學的可貴之處，倘若世界上只剩下了知識，那麼，生活就會只剩下食、衣、住、行，然而智慧才是人生中更高層次的升級與修行，因此學會了易經這門哲學，邁向成功的大門就已經為你開啟了。

大家所見的《易經》，雖然看起來艱澀難讀，但《易經》用最白話來解釋，就是一部「具中華文化思想的人生智慧之書」；我們以《易經》中的第一卦「乾」卦來說，第一爻為「潛龍勿用」，這裡的「乾」是指一個人需要經過養精蓄銳、等待時機、學習精進後，積累出寶貴的經驗、技術與人脈，才能在人生的舞台上一鳴驚人、大放異彩。因此人在尚未經歷過學習與涵養的過程就急著開創事業，就容易招致損失，因為此時的你還「德不配財、才不配財、德不配位」，那麼即使你獲得了地位、人才，你也無法以德服人，最終難免以生災、受損收場。

一個人如果沒有經歷苦難的磨練，並從失敗中學習到經驗，那麼在面對財富、權力及地位等誘惑時，就容易性格扭曲，也就沒有福份享有這些財富，而這個養精蓄銳的過程就叫做「潛龍勿用」。

《易經》這部博大精深的辨證法哲學書，其蘊涵樸素深刻的自然法則與和諧的辨證思想。古人的智慧大道至簡，所以我們只需要記住其中幾個重點就可受益終生。當你讀懂《易經》中這六句，你的命就會越來越好！

一、「一陰一陽之謂道。」

這句話出自〈易經繫辭上〉，意思是萬事有了陰陽才能產生道，就如同生活中的萬事萬物皆有正反之解，它也是相對論，當明白了這種思維，就能包容理解天地萬物皆有正反、陰陽，進而擁有海納百川的思想與格局。

二、「天行健、君子以自強不息；地勢坤、君子以厚德載物。」

這句話在說乾卦與坤卦是天道運行的周而復始。「乾」警惕君子應效法天道、自立自強、努力奮鬥；而「坤」則象徵著大地，代表人應心懷寬廣才能包容萬物，就具有開創、通達四方的格局。

三、「窮則變、變則通、通則久。」

大家有沒有想過，為什麼乾坤太極圖一直在運轉？其實這就是在告訴我們，萬事萬物都一直在變化，因為「通則變、變才通」。這是在說：窮極時需要變化思想及行為，並透過變化來設法抵達目標及排除阻礙，意思是指「人要透過變化，才能有克服逆境的能力」。

四、謙卦中的「勞謙、君子有終。」

這句話是在表示，做人勤勞、謙虛，就能自逢貴人、招來好運，而「滿則遭損」！因此謙虛低調的美德自然會成就大吉，可惜真的能一生謙虛的人卻寥寥可數，人如果因獲得功名就自滿，反而變成了「劫」，因此想要一生有福，便不能忘記一世要謹守「謙」字。在現代社會中，許多人常常喜歡誇誇其談，反之，越有能力的人越是謙恭待人、行舉穩重，這才是真正的通達之道，如此才能成為實至名歸的君子。

五、「善不積、不足以成名，惡不積、不足以滅身。」

這句話的意思是說：善良的人定是累積了相當的福報，自能成名於天下；而做惡的人，其惡言、惡事也是經過積累的，才造成最終自滅其身。

六、「積善之家，必有餘慶；積不善之家，必有餘殃。」

其白話之意是：積累善行的人家必有吉祥，積惡之家必遭禍殃。道家認為天地萬物皆含陰陽、具五行，因此通過學習五行的相生相剋是易經學派的基礎；通過推算、運用這套具有規律的演算法，再結合八字來分析出許多事件，進而達到趨吉避凶。但簡單來說，易經並沒有改寫人生的通天本領，因為宇宙與大自然的法則有其一定的規律性，易經之所以能改變命運，真正的解釋應是透過了趨吉避凶，運途自然順暢、人生相對快意。

有人會問：有些人的八字明明很好，為什麼最後卻於災難中罹難？其實這關乎國運問題，天運必然凌駕個人之運，所以八字也是相當深奧的學問，我們可以學習知命運命，但在沒有一定的修為前，實則不適為人論命。

例如：中國道家在古代時喜好煉丹，皆為了追求能長生不老，但人類生命的起源到結束都是自然界的規律法則，所以是無法被破壞的；而易經中也包含了能量學，因為當地球在旋轉時，與金、木、水、火、土等五大行星的運轉過程產生了規律性，所以才總結出一套數據，因此當你把八字這套哲學習讀原理後，就能運用來分析。

最後，《易經》之所以博大精深，其因在於易經中包含了玄學、學術、哲學、科學、天文等正向思維及各家學派思想與待人處世之道，而社會上或人生上許多事皆是物極必反，過度的忍耐與不懂取捨都易引來災難，那麼忍耐就不是止損跟放下的一種大智慧；我們應以積極的態度來改變，用智慧來克服所有人生的障礙，才是真正了解「易」的精髓。

許多創業家與業過程的艱辛，那些白手起家的艱辛故事總發人深省，試問，這些企業家的先天都好嗎？答案是不一定！其實他們也是通過運用智慧、努力去翻轉人生。所以，什麼是運？「運」得好就好命、好運。由此可證，我們學會了如何去運用易經的智慧，自然就會獲得好運。

感謝何大師帶領學子的善念，讓我有幸接觸《易經》，相信本書能帶領我們一起獲得更多為自己人生布局、開創及成功的智慧。

壬寅年八月

媒體人 賴麗如

李昌中 序

欣逢何老師新著作《易經八字闡微》發表之際，我個人提供自己學習的感言，其中是以象的概念為主軸，並疊陳創新衍生實用的理論系統，不僅合理性高，使用起來也相當精準；更令人佩服的是在理論與實務兼備之下，讀起來很有味道，因邏輯思維具足，沒有違和自然現象，讓我一看還想再看，吸引著我心無旁鶩、埋頭鑽研，進而能解決眾生（包括自己）在生活上遇到的種種難題，更期待藉由書中的內容參透天地道理與生命奧祕。

八字結合易經能將命造的前因後果、來龍去脈及人生曲線描繪得更加淋漓盡致。例如當命盤出現亥子壬癸水時，便可以連結易經中的四大難卦，因水乃養命之源，所以不論水在何時何處何地，對命造皆極具影響力。命盤中逢亥子、壬癸水在初春、此象為木在水中，當以屯卦論之；若水在嚴冬、則易結成堅冰，此際當以蹇卦來形容具體現象；水若在深秋，水會入于兌澤之中，則當以困卦為思考的重點。倘若滿盤金水猖獗，必定動盪難安，當以坎卦入坎習坎提醒之。這樣不僅能精準論出當下的處境，也能藉以指引生活中所遇到的種種難題，並能利用蹇困之時好好自我充實，以開創未來的美麗前景，因天地本循環不已，但懂得涵養待時者，否而轉泰時成就必然較大。

乾卦彖曰：「**大哉乾元！萬物資始，乃統天**」，其義言：天道是萬物的主宰，並以育物為志，可謂是充滿理想的英雄！坤卦彖曰：「**至哉坤元！萬物資生，乃順承天**」，其義言：地道承襲天施之氣而孳生萬物。天地的自然作用是仰賴「**山澤通氣**」，產生辛金而形成水循環；「**雷風相薄**」會產生庚金之氣流來催長萬物；「**水火不相射**」：水會匯聚成湖泊與海洋，火是陽光及遺留的溫度，萬物的成滅規律是逢春夏則水火既濟而生、逢秋冬則火水未濟而亡。

我們生存在地球上，扣除土的五行則賴木、火、金、水這四個元素來蘊養萬物，是使地球至真、至善、至美的基因。五行土、金、水、火、木，化為十天干跟十二地支後，可相重形成六十甲子；其中每一組干支皆蘊藏天與地相應的內涵，觀其干支的情性，就有機會捕捉到陰陽中的相關密碼，而能到達「**知至至之**」的境界，得以妥善的規劃人生，且能為今生旅程畫上完美句點。

提一個實例供大家參考：於「**辛丑年、辛丑月、庚申日、丁亥時**」朋友急問：我的黑色長夾遺失了！內有現金萬元、信用卡、提款卡……，在公司不論怎麼東翻西找都找不到。我回：皮夾錢包內的確裝有不少現金跟塑膠貨幣，因為來去匆匆所以遺失在外面，該處的燈光氣氛皆佳、周遭有水，屬於邊邊角角的暗處，需要用手電筒探照去找。隔日朋友來電說：找到了！原來昨天跟網美簽合約時，掉在咖啡店沙發座位的角落，遺失的環境吻合我所述。朋友一再感謝幫他找回皮夾，此時我卻萬般折服何老師所傳授的易經八字妙法！

我深受何老師思維及無私奉獻的行為所影響及啟發，學習過程中雖然有些挫折感，但在不放棄的情況下，逐而可放下人生中的種種掛礙，且可獲得心靈的自由奔放，因而內心自覺非常的幸運與感恩。

學生 李昌中 謹識

二〇二二年仲秋

王莉蓉 序

一個既欣喜卻又夾雜忐忑心情的時刻再次到來，蟄伏的心因之舒醒！恭喜愛好命學的讀者，何師又來「易法」布施了！莉蓉有幸再度以「御用校稿者」的角色（君知我忐忑所在），硬是比各位優先一步拜讀到大作，心中直是滿滿的感激與震撼！更由於書中章節所示啟發，暗下慶幸自己對於易理的追求，一直都走在正確的路上，而何師正是我易途唯一的嚮導，解我逐「易」無虞之嘆！

「學以致知」邏輯沒問題，但是只是知道了、或者也不確定到底知道的對不對、抑或者學了不會用，試問這樣的學習意義何在？子曰「學而時習之，不亦說乎」，「習」字大致有兩種解釋：一、反覆演練。二、做慣而不易改變的行為（把所學到正確的態度做慣、讓它變成自己不易改變的好行為）。我個人覺得如果以這兩點來詮釋「學」的目的及效益，更把它放進學易的歷程，那麼易經這本遺世鉅著，絕對足夠讓我們玩味終身尚意猶未盡，想當然耳就不難理解孔子何以讀易而致韋編三絕了！

易經廣括「山醫命卜相」，術業有專攻，要學成下山古云需三年四個月，遇資質駑鈍或因緣未具足，甚或費時五年、十年不等，萬一學到的是偽訣，人生能有多少個十年!?易云「**君子作事謀始**」，便是誠惕慎始。何師於而立之年義無反顧獻身易學，走過的冤枉路不遑多讓各位，恭喜何師最終得將八字融入、創立「易經八字學」，讓我們在命理的學程中，能學到哪裡就「習」到哪裡，套句神探李昌鈺博士的名言：有幾分證據、說幾分話。

易經、八卦的貓膩就在「**傾聽天地的聲音**」（白話說看天的臉色），正所謂「**在天成象、在地成形，變化現矣**」、「**天垂象、見吉凶**」是也！我常竊喜這是最不蝕本的學習，每個人身邊最不乏的便是信手捻來親友的生辰（零成本），讀者初期可將書中道法天地自然的理論，帶入八字命盤中一柱一柱學習推衍、悟象（一不小心還能經常性賺點小紅包或被疑是他心通），如此日復一日地學習、驗證，假以時日、驀然回首，已然以天地為師而未察，入易學之門而未覺！

嘗自問從何師十餘年何以至今猶然？於易途上何以心境愈發安定？最終的答案應該是因為易理道法自然、勿需強記，每每因觀象而促發易理的連結時，內心總是伴隨小鹿猛撞（這種感受白話叫暗爽XD），令人三天三夜如履雲端！反觀坊間術書的琳瑯法條千絲萬縷，除了艱澀難懂外（又不是要進京趕考），還背了這條、忘了那條，一點意境、趣味全無，如何一生愛相隨？

以前何師站在他的高度教導我們，我雖號稱一百六十公分，畢竟頭部距天空的高度較低，一直就是觀不到他看到的象，導致傲骨的我從此懷疑人生至今！幸好我厚顏以何師鐵粉自居，所以始終能待在老師善護的溫層（現在想來，可能是老師不敢放養我，怕因我而被拆招牌：我應該能登上國寶級學生寶座了）。

跟隨老師上課已是丁亥年的事了，其後老師陸續推出大作，說我看不懂就太虛偽了，要說都懂心裡又覺得不踏實，各位能體會這種「滿天是金條、要抓沒半條」的心情嗎？！幸好我八字有「丑」、所謂君子有終，豈能「入寶山而空手返」!?

皇天不負我這個笨學生，恕我冒出一句不敬的話：**他終於開竅了！各位看倌真的是有福！**何師近期的著作愈見平易近人，這麼說吧：何師從前學知乾坤、現在則是習用乾坤；現在的他正是在實踐周易繫辭「**乾以易知、坤以簡能，易則易知、簡則易從**」的境界，白話一句就是：**他終於說人話了**（不知會不會被逐出師門？）！

咱們言歸正傳！易經包羅「萬象」，幸得孔子贊十翼，使得後世的我們能稍得其義，而八字學也是傳世之寶，有相當程度的參考性。如果將一盤八字看成一幅攤開的畫，以易理觀象思維切入，日主是畫中主角、主題，大運流年則是配角或插圖對其構成的加減分（吉凶禍福）程度及緣由（由此找出不合理性方能下藥）。舉個例子：一幅畫放眼望去一片白雪皚皚，擺明著是臘冬時節，結冰的河岸邊卻點綴數叢花草、生意盎然，它在傳遞什麼訊息呢？見狀我們可從丑與卯的關係去推演，丑月結冰的土能讓花草並茂：此人有包容心、越挫越勇、不向惡勢力低頭……；卯為己之正官星，代表工作能力、事業（女性還可類化為另一半）為其所能發揮、掌握及重視……，讓思路盡情徜徉卻不跳脫合理邏輯，所觀出的象絕對會漸漸感動你，從此以往，即使不致達「**感而遂通天下之故**」亦不遠矣！（彷彿跨越時空與伏羲祖師爺來個虛擬對話）

易途沿路多風景，處處有彩蛋，不論舊雨（命理大師）或新知（命理小白），誠摯邀請大家帶著「八字命盤」來一場「與易共舞」！

壬寅年秋季
學生 王莉蓉

自序

每每寫完一本書後，總是會害怕許久，因為要讓疲憊的身心慢慢回復正軌，再者，要再吸收更多的知識和累積更多經驗，方不致辜負讀者的厚愛。在參考資料匱乏的情況下，要出版一本接近真理的書籍是非常艱難的，除了要經年累月的彙集資料加以驗證、力求精準度外，用詞遣字還要淺顯易懂。

自從二〇〇〇出版第一本《易經八字新論》以來，雖然理論有別一般傳統錄命理論，卻能逐漸讓諸多海內外讀者接受、認同，是我始料未及的。我不是一個迷信的人，自然也不怎麼相信命理；適逢民國七十二、癸亥年大家樂盛行之際，基於好奇心使然，隨意拿本農民曆來推算看看，驚覺或然率還蠻高的，從此就陷入易經、八卦、五行的深淵而無法自拔！心想，天要人完成一種使命，或許都會先丟一塊糖果來誘惑吧！

吾人才疏學淺，要完成一本著作談何容易！況乎一本書籍要流暢又甚少錯別字，那絕非個人能力所及。丁亥年在台中上課時，老天爺終於被我感動了，送來一份最佳禮物，那就是「王莉蓉」師姐，自此易學傳續之道平坦許多，此後的用辭或許能更加通暢或平易近人了！當然，一路走來更有諸多師兄姐的鼎力相助，才能讓一系列的書順利出版。自從這位才女又幫我的書作序後，常自問：大部分的讀者是否因想拜讀她的序言，才買下這本書？

研習「易經八字」雖然需要稍具八卦基礎，但在易理的解釋中，我大致都用「道法自然」的方式來詮釋。當大家學成後，不知不覺就會發現自然除了已精通「八字」外，竟然《易經》也懂了，祈望大家都能有喜出望外的感覺！我沒有職業，也沒想過把我所知的學問當作家傳祕技，著書最大的心願就是期望大家都能青出於藍。

自從老子講「道法自然」後，很多五行學者都爭相引用、效法，但歷來或爾今最常見的五行生剋理論卻非常不符合自然，且缺乏邏輯性；相信當大家閱讀完《易經八字闡微》後，對五行生剋或強弱論述就會恍然大悟。我常常一再叮嚀學生，當對「易經八字」有所認知後，切勿再盲目地拜師學藝；應以大自然為師，畢竟人心難測，唯有大自然絕對不會騙人，有智慧的人千萬不要再勞民傷財了。

前文提過我不是一個迷信的人，也不怎麼相信命理，但我想這樣也比較能不偏不倚、可以用相對立場來反證學理的真偽，因而數十年來幾乎終日廢寢忘食、鍥而不捨的研究風水命理，一直抱持追求真理的敬業態度。研究命學以來，我皆隨緣教導，謹遵山水蒙卦「**匪我求童蒙，童蒙求我**」的教誨，所以從不沽名釣譽，雖然從事命理教學二十餘載，幾乎沒有主動招過一位學生，但以臺灣計，目前研習「易經八字」者已超過數千人。吾人本命食傷旺，深感創作到底是叛逆或創新，我想這點就留給後人評鑑吧！

久濡命理風水後，深覺人生不如意者十之八九、且有諸多無奈，所以無論任何學術幾乎都可以料準幾分，但改運、改名、改宅真的就能改善嗎？試問周遭改過的人何其多，真正獲得改善的有幾人？我是不甘於宿命論的人，所以自從發表《易經八字神斷》一書前後，每天都在研發、測證能量產品，期間多有體會：天地本乎陰陽兩氣，簡單的說，無論人或空間都是正負能量的交戰，因而致使否泰現象。我研發出的能量產品，可以有效的改善難以變遷的門廚廁、壁刀、天斬煞，對於長期失眠效果也不錯，尤其犯陰煞且已語無倫次者，效果可立竿見影；即使人在國外，只要上傳照片到手機，十分鐘後即可獲得改善。讀者如果對探討能量產品有興趣，歡迎與我共研、反饋，盼能取天地悟得之「藥」，以解方圓所困之「病」，畢竟學以致用、居者令安才不失命錄宗旨，不是嗎？

最後祈望大家都能從「道法自然」中窺曉宇宙奧祕，進而智慧充滿、平安喜樂。

壬寅年仲秋　何棰鑨

第一章

認識陰陽五行

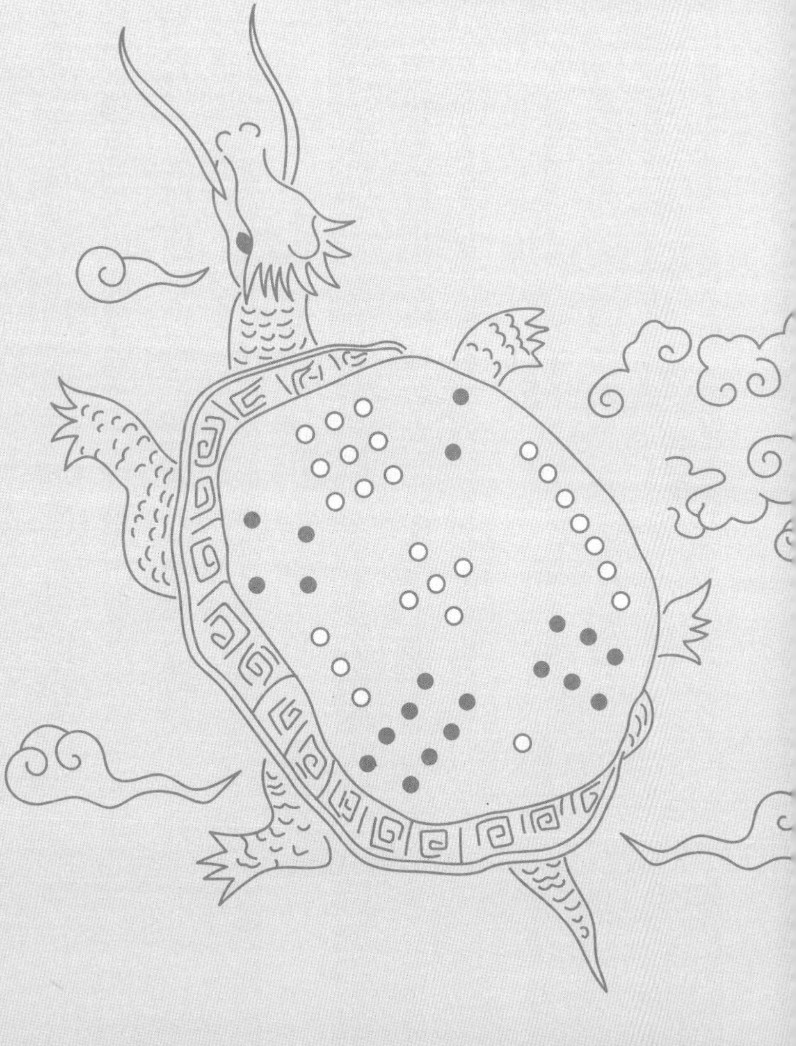

自伏羲祖師始畫八卦後，天地的神祕面紗漸被揭開，伏羲氏因此也成為預測學的鼻祖；其後黃帝測天量地始作干支，中國各類五行指標遂而形成，後人也將其中理論融入於各派道術之中。

十天干是中國古代的文字及計序符號，共有十個，即：甲、乙、丙、丁、戊、己、庚、辛、壬、癸。天干早在前商時期就已經有了，中國漢字文化也用來命名、排序、紀時。明顯的證據是商族領袖之稱號有上甲、匸（音系）乙、匸丙、匸丁、主壬、主癸，之後更流傳至外域，例遼朝大臣耶律乙辛，金朝大臣女真人乙辛。其中為何以「乙辛」命名，這個根據就足以佐證本書正偏理論之論述（請參考十神篇）。

五行與干支本取法自然景象，並藉以闡述天道變化情狀，期使人類以為趨吉避凶、防患未然之參據。但從古至今，未見較完整的著作解釋木火土金水五行的形成因由，唯見諸多公式林列；例如說火剋金是用火冶煉金屬而成液體，那麼水生木不就是將這些液體拿去灌溉草木？這種謬論竟然能流傳千古！一個錯誤的理論以訛傳訛還變成了聖經，讀者若不明辨，自然只能知其一、不知其二，終究還是不識陰陽表裡原由。

五行的由來源自繫辭上傳：「**易有太極，是生兩儀，兩儀生四象，四象生八卦，八卦定吉凶，吉凶生大業**。」太極生兩儀而劃分「陰陽」，陰陽運行會形成「四季」，即「四象」、「春夏秋冬」的不同生態；再將「八卦」歸納、簡化成「五行」概念，以便於大眾理解。並藉天體運行規律來解釋萬物興衰的道理，也可做為養生和思想哲學的根據。

太極圖是最能代表陰陽學說的一種圖案，它陰中有陽、陽中有陰，闡明了福禍相倚的道理。睽卦象曰：「**以同而異**」，乃陰陽皆出乎太極，卻形成對立關係，例天與地、男與女、水與火、上與下、動與靜、左與右、內與外，顯與隱……諸如此類皆含陰陽之義。

陰陽本質是相剋的，可藉易理到達「**以異而同**」的宏觀境界，即從對立的本質中尋求既濟法則，以達陰陽調和而化生萬物的作用。五行生剋是萬物興衰成滅的驅動程式，研究五術者必定要詳知五行形成因由，才能對應到一切術法中。

太陽
立夏
夏季
立秋
春季
秋季
立春
冬季
立冬
太陰

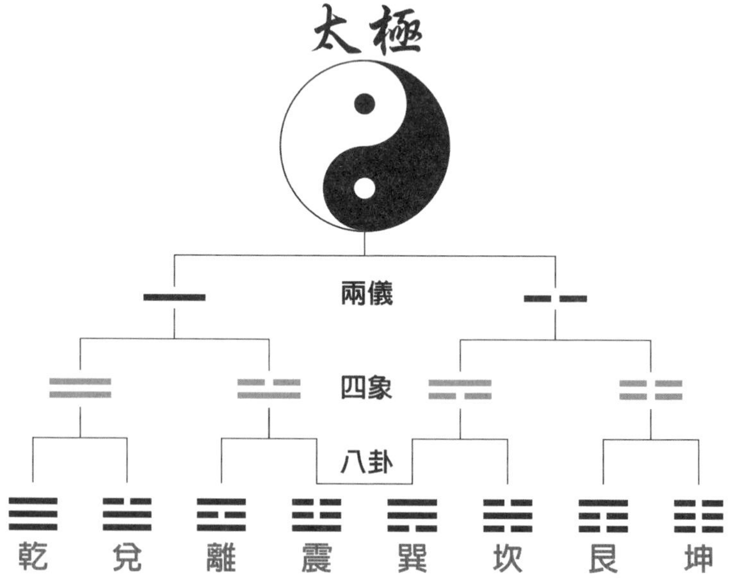
太極
兩儀
四象
八卦
乾
兌
離
震
巽
坎
艮
坤

第一節　天干地支總論

一、天干地支

十天干：甲、乙、丙、丁、戊、己、庚、辛、壬、癸。

陽干甲、丙、戊、庚、壬。

陰干乙、丁、己、辛、癸。

十二地支：子、丑、寅、卯、辰、巳、午、未、申、酉、戌、亥。

陽支子、寅、辰、午、申、戌。

陰支丑、卯、巳、未、酉、亥。

八字命理學源自《易經》，和中醫學、風水學、各類數術學，皆是易學延伸出來的分支，若能深刻理解易學，便可到達「天人合一」及「陰陽相生」的思想。本人所創作的易經八字學理論，除了易經思維外，也融合天文、地理及四季氣候變化所形成的自然景象，方能藉以探索天地人及鬼神事宜，而周知空間情節。

五行當中只有木具有生命，餘之氣皆為坎離兩卦所驅動，故水火主宰著三界中的所有事物！八卦中「子午卯酉」居四正位，為負電、為靜，易因飽暖思淫慾，故謂為桃花；寅申巳亥居四隅位，為陽電、為動，故稱驛馬。其中「子午」本質為陽但體靜，故應用時要陽體陰用；巳亥本質為陰但體動，故陰體陽用也，所以「子午巳亥」要反陰陽，即子午為陰、巳亥為陽。辰為陽支，但歸屬東南巽卦，故要陽體陰用；丑為陰支，但歸屬艮卦，故陰體陽用。

天干陰陽屬性

甲為陽木、乙為陰木。屬春季、居東方、應用之數為三、八。

丙為陽火、丁為陰火。屬夏季、居南方、應用之數為二、七。

戊為陽土、己為陰土。屬四季、居中宮、應用之數為五、十。

庚為陽金、辛為陰金。屬秋季、居西方、應用之數為四、九。

壬為陽水、癸為陰水。屬冬季、居北方、應用之數為一、六。

地支陰陽屬性

寅為陽木、卯為陰木。屬春季、居東方、應用之數為三、八。

巳為陽火、午為陰火。屬夏季、居南方、應用之數為二、七。

辰戌為陽土、未丑為陰土。主四季之土，應用之數為五、十。

申為陽金、酉為陰金。屬秋季、居西方、應用之數為四、九。

亥為陽水、子為陰水。屬冬季、居北方、應用之數為一、六。

二、五行生剋概論

天體運行之氣在天地間作用後則「木、火、土、金、水」五行生焉。五行本流行不已，且會隨著日月昇落、消息而形成生剋關係。舉凡「山、醫、命、卜、相」學理，莫不藉五行的互動關係來做為吉凶禍福的憑藉。

生與剋也是相對論，「生」表面字義含生扶，使人感覺可以輕而易舉的得到庇蔭；但「生」與「死」是相對論，為了「生」存必然會隱藏壓力（生中藏剋）。剋：為剋制、限定，也通克，凡事宜適當的克制，才能成就大事，所以目前的「剋」即未來之「生」。

生剋理論於應用上有先後天體用之別，「生」是先天，猶人出生後五臟六腑就會自行運作，故相生者發生弊端時，往往是病於內，「剋」是後天行為的克制，倘若發生弊端則是病於外。將生剋學理應用在風水及姓名學中，大致上要以「生」為用，以獲先天蔭庇；八字學理則要生剋制化得宜，方能藉後天修省以成才。

五行相生：水生木、木生火、火生土、土生金、金生水。

五行相剋：水剋火、火剋金、金剋木、木剋土、土剋水。

三、天干生剋

甲乙木、生丙丁火；甲乙木、剋戊己土。

丙丁火、生戊己土；丙丁火、剋庚辛金。

戊己土、生庚辛金；戊己土、剋壬癸水。

庚辛金、生壬癸水；庚辛金、剋甲乙木。

壬癸水、生甲乙木。壬癸水、剋丙丁火。

木生火：屬木的地支是寅卯，太陽由寅宮位

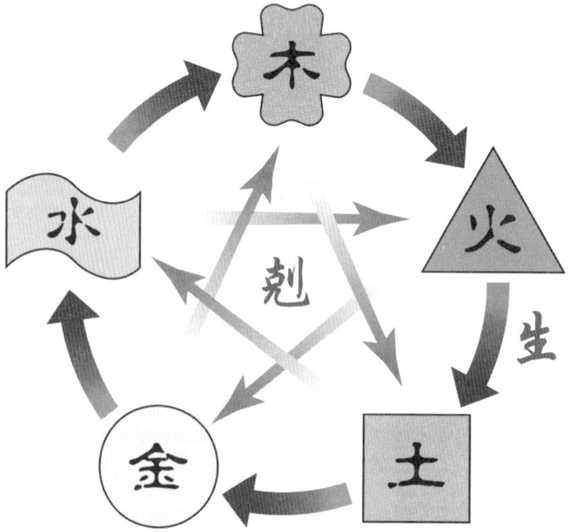

昇起後，萬物會追隨陽明之氣而成長；以先天現象論是火生木、言體，後天現象是木生火、言用。

火生土：太陽昇起後會賦與大地光明與能量，使地道可默默蘊養物類，此乃火生土之謂也。

土生金：土主地勢高低，金為空間氣體。庚金是大自然中的氧氣、辛金是二氧化碳，地勢不同分布之氣則異。氣是生命泉源，亦因地異致使吉凶諸狀，便形成了勘地導氣之風水學說。土的主體靜而不動，大致可視為「空間」，金氣的形成與運行趨向是太陽和地形驅動的，可視為「時間」，當「空間」遇上「時間」則吉凶顯矣，因而形成風水學說。

金生水：庚金的天象是風、辛是雲霧，風和雲霧皆會夾帶水份，契以高溫或冷熱交感後則會化成雨霖，故謂金能生水。

水生木：木始萌於坎方，破土後則賴火而長，即根滲於北方幽域，幹與枝葉卻茁暢於東方陽域，象含前世今生因果，故謂「水木自親」，亦子曰「**顯諸仁，藏諸用**」之大義也。

木剋土：凡土氣界水則止，故土遇水為地方縣市或不同國度。木為自然界的財星，屬商業行為。應用時木在土下為它鄉營商謀利（例如：戊寅、己卯）；木在土上為它域置產（例如：甲辰、甲戌、乙未、乙丑）。

土剋水：土主思考謀略、坎為智慧，土可導暢流水而免除氾濫，乃「**利涉大川**」象也。水在土下為養兵千日，亦主謀略策劃；水在土上為「**利用侵伐**」，自然現象為土低一寸水則流至，故風水學說謂高一寸是山、低一寸為水。

水剋火：火是太陽，為自然官星，水是河川、海洋，太陽西傾之際會形成海天一色，後則逐而遯失，故謂水剋火。水輔陽光、水乃寒窗求智，火主公家機關，陽臨即可「**或從王事**」、聲名遠播。

火剋金：火是太陽、金是氣體，陽光照射海面時，海水會因受熱而蒸發成氣流，此氣流與太陽同向行進（火金格謀事會統合志同道合者）。

金剋木：木主春天、金為秋季，春天柔木成長至秋即可獲得果實，故《說卦傳》謂乾金為「木果」。果成之際木便會喪失生機，故謂為金剋木，猶功成名就後往往就是體衰之時。庚金是氧氣，乃朝陽與木行光合作用所產生的氣體；太陽下山後則會形成辛金、即二氧化碳。所以甲庚的人活力充沛，思想比較樂觀，倘若遭逢無妄之災，皆是自己行為造成的；甲辛之人比較沉悶憂鬱，若有傷害往往是磁場問題或自己的觀念造成的。

第二節　地支六沖及六合象義應用

一、地支六沖

地支對待

【午—子】、【未—丑】、【寅—申】

【卯—酉】、【辰—戌】、【巳—亥】

地支六沖

【子—午】、【丑—未】、【申—寅】

【酉—卯】、【戌—辰】、【亥—巳】

地支無論是對待或六沖，其中都含有相對論的立場，猶午為南方、子為北方，當命盤柱限或受流年大運影響後，就會產生思想變異或驛動的現象。倘若元神力量不足，就很容易產生風吹草動、見異思遷的現象。

因何而動可參用十神法則，例財星逢沖，易見利思遷或迫於環境無奈而動；官星逢沖，主工作易變動，但往往也和自己的敬業精神有關；印星逢沖，易因環境之需而變遷，其人思想也較偏激不成熟；比劫逢沖，因競爭激烈或尋求自我施藝舞臺而動；食傷逢沖，因耳根軟、行為叛逆或追求自己理念而變遷，尤其對新鮮的事物有強烈的追求欲望。

【子－午】

子午卯酉為四正位，乃子午流注之氣的行駛方向。地雷復卦辭曰：「**復，亨。出入无疾，朋來无咎。反復其道，七日來復，利有攸往。**」復卦是子月卦、一陽潛藏，陽氣即將復甦，故能「**出入无疾**」；「**朋來无咎**」其過程為子至午會歷經「卯」，此徑為既濟，乃**水火不相射**之現象；**七日來復**、七是天道循環反復用數，猶地支六沖。子至午後會由復而變姤，姤卦一陰潛藏逐漸剝陽。從午至子會歷經「酉」，此現象為未濟，會形成**密雲不雨**、**自我西郊**之現象，即斗數謂之陀螺。

【丑－未】

未至丑為「**致役乎坤、成乎艮**」，即夏天努力耕耘，至冬則獲冬藏果實。丑至未為將冬藏果實拿出來做有效利用，但此現象容易造成風險，因果實逢未土高溫容易腐爛。土為自然界的印星，土若逢刑沖，會因環境之需而搬遷，想法也易見異思遷。

【申－寅】

寅至申乃泰否現象，即由春至秋須面臨颱風的考驗，自然現象為「樹頭站得穩，無懼樹尾做風颱」；申至寅為已歷經颱風的摧殘，必須重新再來，但已是戰場老將了。

【酉－卯】

卯至酉為「**有朋自遠方來，不亦樂乎**」，即由東方勤奮耕耘，至西方見到纍纍果實，心中的喜悅是難以用言語形表的；酉至卯為「**永終知敝**」，即因決策失誤而功虧一簣，自然現象為秋季播種，至冬必喪生機而凋零。

【戌-辰】

這組是天羅地網，主凶之神煞，易有刑罰或牢獄疾病之災。辰至戌為由平地履至高山，乃循序漸進、心性平和；由戌至辰為遯而後復，思想領域較高，唯惕心性狡猾。

【亥-巳】

巳亥乃日月進出門戶。巳至亥為依循天道規律行事，凡事喜順其自然、不與人爭鬥，喜歡過著與世無爭的生活。亥至巳為弊而待革，因內部隱藏諸多弊端，必須去故革新，但革命者必然心態較狠。氣流是水火驅動的，子午居靜態四正位，此沖會因沖出辛金而形成密雲不雨現象；巳亥居動態四隅位，則會因沖出庚金而風行天下。

二、地支六合

【子丑】合化土、【寅亥】合化木、【卯戌】合化火。

【辰酉】合化金、【巳申】合化水、【午未】合化火。

子丑合化土

坤卦初六曰：「**履霜，堅冰至**」，亥月節氣為「立冬」、「小雪」；子月為「大雪」、「冬至」；丑月為「小寒」、「大寒」。亥屬流動之水，具「履」狀，子為靜止之水，至丑月會凝結成固體堅冰，這就是子丑合化土的過程。象徵一切事物都是日積月累所形成的，坤卦文言取此象曰：「**積善之家，必有餘慶；積不善之家，必有餘殃**。」

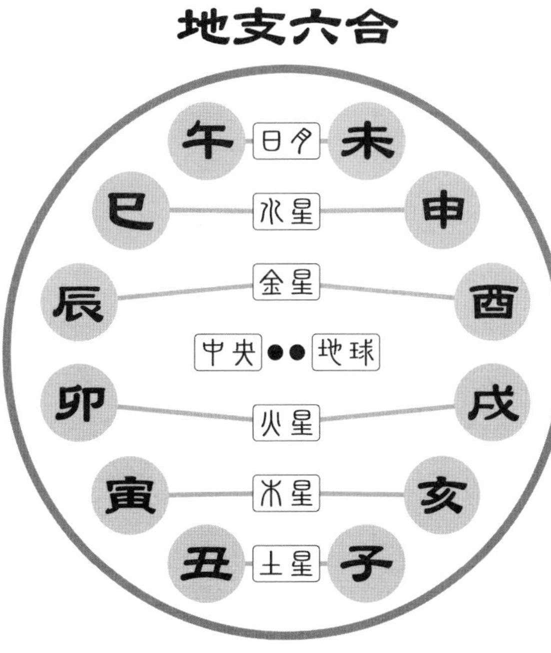

寅亥合化木

寅的節氣為「立春」、「雨水」。甲木雖長生在亥，但亥月寒氣已降，不利木生長。冬季地表溫度低、地下較熱，所以木會先長根，待春臨再茁幹，象徵執行內部事物；但也因而容易「**匪寇婚媾**」，形成桃花且易同居，取象根會往陰暗之域延展，致使產生不光明的行為。

卯戌合化火

卯為春天草木，節氣為「驚蟄」，此季風和日盛、雷行雨施。戌為高山，卯木依附於高山成長，可得「**帝出乎震**」之功。

☴☶風山漸九三：「**鴻漸于陸，夫征不復，婦孕不育，凶；利禦寇。**」卯戌合之象為「**夫征不復**」，象義為將東方卯木移植至西北戌域，長成大樹後就無法再遷回原域了，猶如至國外設廠，硬體設施已無法搬遷了；**婦孕不育**、九三與二四爻互坎、為孕，人在異域使當地少女懷有自己的骨肉，卻因師出無名而棄之不養；**利禦寇**、互坎為盜寇，此爻五行形成艮土剋坎水，乃邊疆城牆禦寇之象。卯戌合逢亥子丑流年不易懷孕或會墮胎，因卯至戌已氣斂又逢坎冬，宜慎禦寇以防損失。

辰酉合化金

酉的地象為西方成熟的果實、辰為東南低陷水庫，辰支之後則逢巳、午、未、申高溫之地，需藉水庫供水，至秋方能結果。辰酉合會構成「**山澤通氣**」，即水庫之水化成氣流，漂移至酉戌之域後，氣流會因受山阻擋而變成雲霧，翌日再化成水流歸水庫，因而形成水循環、產生氣流；應用時為「資源回收」，即統合過往人脈再做有效利用。

巳申合化水

巳為太陽，亦庚金長生之地，申為氣流；當太陽持續照射著海洋時，一旦水溫超過攝氏二十六至二十七度之後，水則會被蒸發成氣流，這就足以形成颱風。

䷰澤火革上六：「**君子豹變**，**小人革面**；**征凶**，**居貞吉**。」巳申合之象為「**君子豹變**」，豹性兇猛會傷害人畜，喻革命至極必然會擴傷無辜，如猛獸掠食一般。

巳申合會形成颱風，爻辭以颱風過境致使凌亂不堪來形容。**小人革面**、火為大人、水為小人，無論革命或造反，都是因意見不合而反目成仇。巳申合化水後會反剋巳火，自然景象為風雨是太陽驅動的，但狂風暴雨襲擊時太陽卻不見了，所謂「**自我致寇**」象也；**征凶**、革卦象曰「**大亨以正**」，指至午支就要結束革命，續戰至申就會形成颱風而傷及無辜；**居貞吉**、功成後就不宜再使用武力統馭了，義在如何安定民心。

午未合化火

午為日正當中、未為大地平原。當太陽持續照射地表時會產生高溫，但此合若不見水則為「付之一炬」。

☲☷火地晉辭曰：「**晉，康侯用錫馬蕃庶，晝日三接**。」午未合含晉卦之象，**晉**為前往、旭日東昇；**康侯用錫馬蕃庶**、蕃庶：邊境少數民族。太陽晉昇前必須歷經「**戰乎乾**」、「**勞乎坎**」過程，亦因陽陷乾艮而喪明，致使諸侯叛亂，朝廷才會調兵遣將加以討伐；**晝日三接**、陽昇時西北高山的堅冰便會溶化，致使春天氣候變幻無常，其後氣候則日趨炎熱，倣象趁日出氣溫高就開始馬不停蹄與蕃族作戰，俾能逐趨太平（丙辰、丙午、丙申這三柱為晝，丙戌、丙子、丙寅是黑夜時分）。

九四：「**晉如鼫鼠，貞厲**。」**晉如鼫鼠**、鼫（音石）：外形似兔、短尾、紅眼的鼠。鼫鼠應該住在深山幽谷，爾今卻在光天化日之下出來竊食；**貞厲**、強行掠奪是危險的行為。應用時丙逢辰、午、申為「**晝日三接**」，逢子未害則為「**晉如鼫鼠**」。

第三節　三會局及三合局象義應用

一、三會局象義解說

【寅卯辰】三會東方木局。【巳午未】三會南方火局。

【申酉戌】三會西方金局。【亥子丑】三會北方水局。

三會局乃匯聚一方之氣而成局，屬於一種專業的聚集。三會局和三合局中的寅申巳亥居驛馬位、為召集人；子午卯酉居四正位、為專業人員；辰戌丑未為庫位，乃提供場所和策劃者。

【寅卯辰】

時序屬「春」，主仁，為策劃謀略。春臨之際寅卯木皆旺。寅藏甲木、卯藏乙木，辰中亦藏乙木，逢此三會，乙木必定會「**藤蘿繫甲**」，即依賴召集人將人脈擴廣以穩固團體根基，才能將事業延展。

【巳午未】

時序屬「夏」，主禮、為通暢。煦日初升至日正當中帶給萬物生機，但猛烈豔陽亦會致使疲憊不堪，即燃燒自己照亮別人象也。故火旺的人比較勞碌辛苦，個性也比較浮躁，常扮演吃力不討好的角色。火「有形無質」，能「照物於外」、無法「照物於內」，所以常經歷被亮麗外表蒙蔽而遭慘重損失的噩運，政治官場就是最佳的寫照。

雷火豐卦辭曰：「**勿憂，宜日中**」，火只能旺於一時，宜把握時機，因太陽終究會日落，故雖可「征」，亦需「貞」之，方能「**君子有終**」。

【申酉戌】

時序屬「秋」，主義，為萬物得宜、為收成。秋割時需眾多人手和體力付出，象徵勞力競爭，但可勞而有獲。逢此三會者易得現成的利益，但亦有剛刑則缺的現象，因太過成熟的果實必然會掉落剝腐。

【亥子丑】

時序屬「冬」，主智、為冬藏。冬季水會凝結成堅冰，故子丑合會化成固態之土；亥子丑三會成水局，乃因其中有亥流動之水，故不易結成堅冰，因而從液態之水。水主幽域又為冬藏，事業形態猶護士或策劃流程者。

二、三合局象義解說

【寅午戌】三合火局、【巳酉丑】三合金局。

【申子辰】三合水局、【亥卯未】三合木局。

三合局乃太陽、月亮繞行地球所產生的磁場引力，所以應用在地理有三合派，斗數為三方四正，八字學則是合中逢沖。三合局是由「生」、「旺」、「墓」組成，即「長生」、「帝旺」、「墓庫」聯結而成。例木長生於亥、帝旺於卯、歸庫於未；火長生於寅、帝旺於午、歸庫於戌；金長生於巳、帝旺於酉、歸庫於丑；水長生於申、帝旺於子、歸庫於辰。每組三合局若僅見二個地支，均稱「半合」或「拱合」，例如寅午戌三合火局，若僅見寅午或午戌謂「半合」，見寅戌卻缺中間帝旺午支，則稱「拱合」。

䷨山澤損六三：「**三人行，則損一人；一人行，則得其友。**」三合局含此爻之象。**三人行**、震數亦為三、為足、為行，本卦上艮與下兌互為山澤通氣，但中爻卻又互一個震卦，即出現了震之長男，形成艮震兩男追求一位兌卦少女之現象。處在三角關係中，三個人都會感到痛苦，若一人願意犧牲退出，亦能再找到理想伴侶；**則損一人**、艮兌、少男少女終日僻處，卻又來了一位互震長男；**一人行**、一陰一陽之謂道，三人同行難免主張不同，一個人單獨行動，反而容易得到志同道合的友伴；**則得其友**、友：指河圖四九為友金。先天八卦艮兌宮位相對，於人事為少男配少女，兩者乃宿世姻緣，震若脫離先天八卦艮兌之情絆，返至後天八卦，則能構築春秋之道，即成東震，再得後天卦西方兌友。凡三合局齊必損一，寅午戌損午；亥卯未於冬損卯未、於春夏損亥水；巳酉丑損巳；申子辰損申。

第四節　自刑與三刑

八字學理的靈魂是「**合、沖、刑、剋、害**」，它們主宰著命盤的起伏變化，雖沒有絕對的好壞，但要瞭解其中隱藏的吉凶，則須詳細剖析象義，於推命時才能吻合現況。

沖是正面相遇、如明槍易躲，刑則是側邊衝擊、如暗箭難防。沖是建立於對待關係、也是一種相對論，富有邏輯的讀者，可從中去品味其中的先天因果現象；刑比較屬於後天現象，如居宅刑煞所造成的傷害。但逢丑戌未三刑當中就含刑和沖的關係，此象因土主靜又為思，其人心懷正念或邪念，就攸關天地賞罰之依據。寅巳申這組三刑就比較複雜，因當中含巳申合、寅申沖、寅巳害，當然其中的動機或主凶是由巳申合所構成的，因合為欲之始，而導致无妄之災之結局。易經八字與傳統八字的區別是：前者能誥誡趨吉避凶的方法，後者即使料準了往往還是束手無策。故將寅巳申現象導入天雷无妄卦初爻：「**无妄，往吉**」，就是抱持只問耕耘不問收穫的心態，無欲往行就可避免因貪欲而惹來禍端。

後天八卦中的艮宮為萬物終始，即以丑支為終、寅支為始。要瞭解五行當中的刑剋吉凶情狀，要以四季之道為體用，凡能順應春秋道路者一生比較平順，反之，逆春秋之道者則相對坎坷，但沖者卻能從逆境獲得智慧或豐富的人生經驗；我上課時常用這種方式讓人理解，即對待的現象猶如從高雄一路順風的到達台北，沖就是走錯路了，但見聞也相對會較廣。我們要把春秋順逆之道和五行概念當成哲理或心理學，如順應天道而行的干支，其人心思必定比較單純，或許也因為人生過程比較平坦之故；而反春秋之道或地支逢沖者，往往因生活中衝擊多而心生變數。

五行中只有木有生命，所以觀木的成長情狀，即可輕而易舉判斷出該命格的高低。刑剋中更需以「養木」和「冬藏」為用，才能吻合易經「征」、「貞」之理，這樣自然能理出一套法則！坊間不少判斷格局強弱之論說，往往流於自由心證、遊走在機率中。

我自己創立了一個理論，且已經驗證了十餘載，因準確率足夠，故無私的提出來供大家參考、應用。自刑是一種安於現狀或不滿現況的現象，凡逢兩個地支相同時稱為「伏吟」，兩個地支相沖則稱「反吟」；「伏吟」大致可解釋為痛苦呻吟或無病呻吟，「反吟」則會因不滿現狀而思變。論「伏吟」時雖有準確率，但卻無法掌悉其中原因。命盤中一柱的時限為十五年，兩柱則為三十年，試想：一個人不太可能三十年都一成不變，所以逢地支「伏吟」時，要夾一柱對待的干支，例四柱中不論是年月日時或流年大運見「己未、丁未」就要夾一柱「乙丑」；「辛酉、辛酉」要夾「丁卯」；「乙丑、癸丑」要夾「辛未」，這樣因何因而動就能瞭若指掌了。傳統八字學理論原則上只有八個字，若沒有找到無中生有的五行，很難想像要如何論得深入透骨。

三刑是一種三角關係，是逢碰撞後的引力，具瓦解或吸引作用，倘若三個地支無法協調並立而存時，則易遭到瓦解。三個地支皆不足以育木時，便會發展成吸引現象，如地支並見戌未燥土，就會想往東北丑方濕土遷移；並見戌丑喪明區域，就會往西南光明未土之域遷移。於此得知，三刑除了欲建立育木之功外，亦為三角引力所致。

十二地支皆為「體」，象徵四季或十二個月，各別並沒有吉凶現象；天干是「用」，主顯現的情狀，地支必須加上天干後吉凶方能顯矣！

自刑

辰—辰：辰為陽旺季春，此際風和日麗，但由辰再回歸辰域時，就會歷經戌支；辰為低陷水庫、戌為高山，如此就不難想像，該造人生過程必定起伏很大，自然現象是初始由低陷辰域履登高山而平步青雲，一旦攻頂後就會瞬間跌落谷底。土的刑沖加上木就容易引來官訟，如土字為口、木字主人，口加上木會形戍「困、囚」之現象。

午—午：午為日正當中，雷火豐辭曰：「**豐、亨，王假之，勿憂，宜日中**。」辭意為日中則昃，宜把握光陰，否則悔恨晚矣。午至午會夾子，先由午至子會歷經酉，過著悠閒安逸的日子；再由子至午則會歷經卯，乃久逸而思動，想擁有一番作為。

酉—酉：酉是八月已經成熟的果實，山地剝卦上九曰：「**碩果不食，君子得輿，小人剝廬**。」剝卦為九月卦，季節為季秋，此時收成已畢。碩果是品質最佳的果實，君子會將它留作品種，而小人則會將它吃了。

樹木結果之初，果實若生長太過，必須疏果、捨去部分，才能讓餘果甜美，故酉酉刑之象含「捨身取義」，但也是「賣友求榮」，因酉酉會捨棄第二個酉。由酉至酉會歷經卯，乃「**永終知敝**」象也，因酉月後會步入冬季，如酉月植木，至冬卯木則喪也；再由卯至酉，會因已有失敗的經驗而重新播種有成。但第一個酉的階段心性會比較善良、單純，歷經死裡逃生過程後的地支，心態必然容易變質。

亥—亥：亥居後天八卦戌乾亥宮位，乾卦象曰：「**天行健，君子以自彊不息。**」巳為太陽、亥為流水，兩者情性皆健動，含知進不知退之現象。亥--亥為水太過，恐有氾濫之虞，見此常因漫無目的的學習，導致無法學以致用，或廢品久積不棄而屯累穢氣。由亥至亥會歷經巳，水逢巳火溫度則能川流不息，亥到巳為去故革新；巳到亥會因革命成功而倦怠，最終又產生弊端，實乃江山易改、本性難移也。

相刑

子—卯：子水逢卯木為「**無禮之刑**」，子水本生卯木（子水為卯木之印、即長者），但子水居後天八卦幽暗北方，卯木卻居後天八卦光明東方，有奴欺主之象。

水為言律，應用時逢子至卯為「威脅恐嚇」或「妖言惑眾」，因冬水不利木成長；卯後見子為「苦口婆心」或「忠言逆耳」象也，因卯木居東方，順行至子則可獲得冬藏物品。

水生木為「水木自親」，天地以丑為陰陽界線，亥子丑可視為前世所遺留的水份、寅卯則為今世。人體有百分之七十以上的水份，而水含有記憶，故今生亦存有些許前世記憶，因此，水生木者容易殘存前世的片段記憶，逢故景則會動容涕泗縱橫。

三刑

丑-戌-未【無恩之刑】

土的五行是自然界的印星，又因土是田園或居住的土地，此刑常因謀生問題而需變遷環境，也指居處周遭逢刑煞或鄰巷弄，且容易因整建動土而犯土煞。坤卦象曰：「**地勢坤**」，指地球中有不同的高低地勢。丑、辰、未、戌四庫土中為何辰土不參與土刑？因人皆倚山或平原而居，而辰是低陷的水庫，自然就難以構成刑的條件。

所謂土能生金，而金就是分布於空間中的氣體，即庚金是氣流或東方行光和作用後所形成的氧氣；辛金則為雲霧或黃昏後所產生的二氧化碳！地勢或溫度高低都會形成氣流，但因日昇日落的緣故，庚金氣流與辛金雲霧會循環轉化不已，故庚辛金本同源；但庚金是太陽的執行者，辛金則是月亮的代言人，即丙庚互為同人、掌陽，丁辛互為同人、掌陰。

由丑戌未三刑中所轉化出的庚辛金都會剋木，嚴重者會致使居家厄運連連；但大致可歸類庚金較趨於外在肢體的傷害，辛金則為內在器官或思想不當所造成的傷害。

坤卦五行屬土，象曰「**厚德載物**」，即坤土猶母親，能無選擇性的包容萬物；土的五行於應用時可視為陽宅中的廁所、浴室。陽宅三要為何首重門、廚、廁？因為門可納氣，又門之開閉則會形成陰陽，而吉凶諸狀生矣！廚房的爐灶會形成高低溫差對流現象，廁所浴室的水流也會形成氣的流動。於陰陽分布概念中，一般就將房子分為一半是吉方、一半是凶方，所以門要開吉方，而廚廁壓凶方是為了使吉方之氣產生循環、對流。世間諸事之吉凶、興衰、成滅，都脫離不了陰陽概念的。

氣無形體，卻是致使興衰成滅的驅動程式，故宜藉三刑實質之體，以暗察無形之氣的動向，如此方能達到趨吉避凶的效益。居宅周遭逢壁刀、暗巷、天斬煞，皆屬三刑範疇。筆者良心建議，逢此類刑煞千萬別再用未經證實的「山海鎮」或「八卦鏡」來求心安，吾人經伏羲祖師爺化象所製作的能量產品，絕對優於各類制煞改運商品。

寅－巳－申【持勢之刑】

寅巳刑乃澤火革卦九五爻之象，象曰：「**大人虎變，其文炳也。**」大人指巳火、虎變指寅木，春夏間老虎跟蛇的毛殼皆會蛻換，而顯得格外亮麗。猶如春夏間的氣候忽冷忽熱，所以必須歷經一番寒徹骨的考驗，其過程是痛苦的。

巳申兩者的關係既是「六合」又是「刑」，所以有人認為是「刑合」。所有的「合」皆具備任務或因果，猶夫婦之道必以傳宗接代為任務，但或許也含所謂「不是冤家不聚頭」的現象。澤火革卦上六曰：「**君子豹變，小人革面，征凶，居貞吉。**」爻辭乃敘述「巳申」合化水的過程。「**君子豹變**」君子指巳火，高溫的火是形成颱風的主要元素。「**小人革面**」颱風來襲會帶來暴風雨，將大地摧殘得凌亂不堪。

䷘天雷无妄彖曰：「**无妄，剛自外來，而為主于內；動而健，剛中而應；大亨以正，天之命也。其匪正有眚，不利有攸往，无妄之往，何之矣。天命不祐，行矣哉！**」本卦上乾下震相重，大象成離。五行排列為下震（甲），本卦大象成離（丙），至上乾（庚），構成甲丙庚。這些氣皆起源於東方，即甲木賴丙火暖生，庚亦賴丙火驅動，但甲木成長至申時幹巳茁，而巽卦象曰：「**君子以申命行事**」，乃誥誡庚至申就會形成颱風，因此構成金木交戰，於是就產生无妄之災；此自然現象可以用樹大了卻遭強風侵襲來比喻。

第五節　六害象義及應用

六害

【子--未】。【午--丑】。【卯--辰】。

【寅--巳】。【申--亥】。【酉--戌】。

地支象徵時間、方位、季節，當兩個地支相碰時，會因各域季節之氣不同而產生變化，因此會顯現吉凶現象。六害是由六合和六沖關係構成的，例：子丑六合逢未沖丑，子未就構成六害；午未六合逢丑沖未，午丑就構成六害；卯戌六合逢辰沖戌，卯辰就構成六害；寅亥六合逢巳沖亥，寅巳就構成六害；巳申六合逢亥沖巳，申亥就構成六害；辰酉六合逢戌沖辰，戌酉就構成六害。

由於六害是因合沖的關係所產生的，或許含著前世因果，所以不可忽視。六害當中夾藏諸多無中生有之氣，如果所形成的五行不宜，就會變成「阻礙」或「傷害」，倘若是來生助四柱中的五行，就會是無形的「助益」，所以逢刑未必是不好的，但皆會先產生現象才劃分吉凶。

所有的事物皆福禍相倚，利弊得失也往往都參雜其中，一如兩儀「陰中有陽、陽中有陰」之理。現今五術興盛，但有諸多不明易理之人，濫用剋、害、刑、沖之理並以一概全、危言聳聽。我們若能詳研五行互碰後所形成之氣，或許還可以從中取利，或求得趨吉避凶的妙法。

子－未【羊鼠相逢一旦休】

子是冬天的水、未為高溫之土，兩者相遇會形成辛金，自然現象就是將水灑在高溫未土之上，子水會被蒸發成霧氣，此時子水雖消失了，但辛金卻於此形成，這就是物質變化的現象；傳統學術云「**燥土不生金、須水潤土生金**」即為此象。子未害所化出來的辛金會生扶癸水、暗剋乙木，此乃幽靈來「報恩」或「報仇」現象。但子未害會形成辛金來暗剋未中乙木，這種現象是不會改變的，即使日主是丁火，辛金為其財星，賺錢與傷害兩者皆具，有險中得財之象。

子未害或丑未沖都足以構成「**明珠出海**」格局，即自然現象子丑為海洋、辛金為明珠，而子未害與丑未沖都能形成辛金。此時命盤中見癸水，可得到無形的蔭庇；倘若見乙木，則是前世所欠下的債，所以常產生意料不到的無形傷害，要誠心懺悔才能遠離災害。

午-丑【自古白馬怕青牛】

離卦辭曰：「**畜牝牛，吉。**」離卦的地支為午馬、亦主日正當中；丑為牛、為冬藏。五行應用為丑土可洩午火的燥氣，自然現象則是夏耘以至冬藏。繫卦傳曰：「**服牛乘馬，引重致遠，以利天下，蓋取諸隨。**」澤雷隨卦下震為春季，此際賴牛耕種，至上兌秋季已獲果實則需賴馬運輸。牛可載重、馬匹健行，故由午至丑為「任重道遠」，亦主「**君子有終**」；丑後見午則為六害，即冬藏物品逐漸受高溫融化。

午未合化火之象為午若眷戀於未，必然無法至「酉」而獲得果實、至「丑」而得冬藏物資，逢「丑」沖去「未」，即可「**致役乎坤、成乎艮。**」而完成使命。丑域已獲冬藏果實，見午火會將冰霜融解，故丑為付予者、午為瓦解者。例：日柱為丑土、時柱為午火，必須為子女付出，或容易受外來誘惑而蒙遭損失。

卯－辰【玉兔見龍雲裡去】

辰酉合為備水而用，辰為水庫，經巳午未乾旱時節可供水，使木至秋果成；應用時為將幽靈渡往西方極樂世界而有終。辰土為枉死城，卯辰相遇乃幽靈停留在人間，祈望能到西方極樂世界象也。

卯暗藏乙木、辰為水庫，木的成長有向陽或向陰濕的特性，見卯辰相鄰時，辰中暗藏的乙則是卯木之根滲透其間，故卯見辰乃羈絆、阻礙之象，逢之易傷手腳、人事不和。年月逢之，要留意祖上有枉死之人，須處理香火繼承事宜。辰酉本合化金，無形面為將冤魂送往西方極樂世界，但卯卻破壞了辰酉合，致使幽魂停留陽間，故逢卯辰害者，環境或夢中常遇見幽事，以祖先風水言則容易蔭屍。

寅－巳【蛇遇猛虎如刀戳】

寅為孟春，丙火於此長生，至巳域則豔陽高照。寅木具「**直方大，不習无不利**」之情性，而直是木的稱謂，即曲直人壽格，其義為木的本性會追隨著太陽生長，這是不用刻意學習的。但寅木的成長是漸進式的，故喜溫煦丁火，若見猛烈巳火，必然會疲憊不堪。丁火長生在酉，其質是遠紅外線，利萬物成長，會將寅木帶到西域而獲得果實。

澤火革卦九五曰：「**大人虎變，未占，有孚**。」大人為巳火、寅為虎的地支，蛇與老虎至春夏時，舊殼與毛皮皆會蛻掉、換上新裝，故見寅至巳會給人煥然一新、另眼相看的感覺；巳後見寅則成無為付出，致使疲憊不堪！**未占有孚**：春夏來臨時大地景貌必然令人耳目一新，這些現象無須占卜即能知曉，是以誥誡我們：多觀察四季自然現象，便能預測未來瑣事。

寅巳蛻變過程是痛苦的，唯之後會搖身一變、判若兩人。所以寅巳刑為強迫式的成長，其內心的壓力應該不會亞於金剋木。

申－亥【豬遇猿猴似箭投】

豬的地支為亥水、猴的地支為申金，申月颱風來襲時，會帶來大量的雨水，而大水必會先經由高山，再夾帶著泥水衝奔而造成土石流。此象猶水風井卦初六曰：「**井泥不食**」，指水與泥巴相混了，是不宜飲用的。

應用時見巳申合化出亥水，屬「瞞天過海」、「惡意欺騙」。申逢子辰時，因子是靜水，其中所夾藏的土石濁水會經過濾、沉澱而變得清澈，此象則成水風井卦九五：「**井洌，寒泉食**」，可成為飲用之水，應用時為「善意欺騙」或「天機不可洩露」。申子辰局不逢子水作合，乃水庫之水沒有經過沉澱而變得混濁。

壬水長生於申、祿於亥，並見申亥時，壬水則有衝奔之勢。水為通、為路、為酒、為車，宜防酒駕，車速也不宜過快，容易在快速道路發生車禍。

酉－戌【金雞遇犬淚雙流】

酉是八月、十二辟卦為風地觀，象義為由下坤平原仰觀上卦巽木所結的果實，以啟示於春夏間要勤奮耕耘，至終才能獲得圓滿。戌是九月卦，䷖山地剝卦彖曰：「**剝，剝也**。**柔變剛也**。**不利有攸往，小人長也，順而止之**。**觀象也**。**君子尚消息盈虛，天行也**。」剝卦乃敘述木的反生情節。「**剝也**」果實至九月自然會剝落腐爛；「**柔變剛也**」柔指木、剛為金，木生長至秋其幹已壯，也見到木果了；「**不利有攸往**」太陽運行至戌則遯，理當順應天道而息，若繼續前往，則至十二辟卦純陰亥支，會由戌墜入亥之懸崖而回頭不易。所以，命盤中見亥，遇到自己認為對或喜歡的事，必定會一頭栽進去、永不退縮！知命者理當遜養，經自我充實後再待機行事，理同乾卦「**潛龍勿用**」或明夷卦「**用晦而明**」之義。

酉屬兌卦，兌為「喜悅」、也為「毀折」，逢酉至戌為悅，象為滿山結滿果實；戌至酉則為「毀折」，象為太過成熟的果實至戌月自然會掉落、剝腐滿山。

應用在姓名學時，屬雞的人用狗（犬）的字根，其象為悅；屬狗的人用雞（酉）的字根，則為毀折，故逢酉戌或戌酉不宜同論。

第二章 二十四節氣

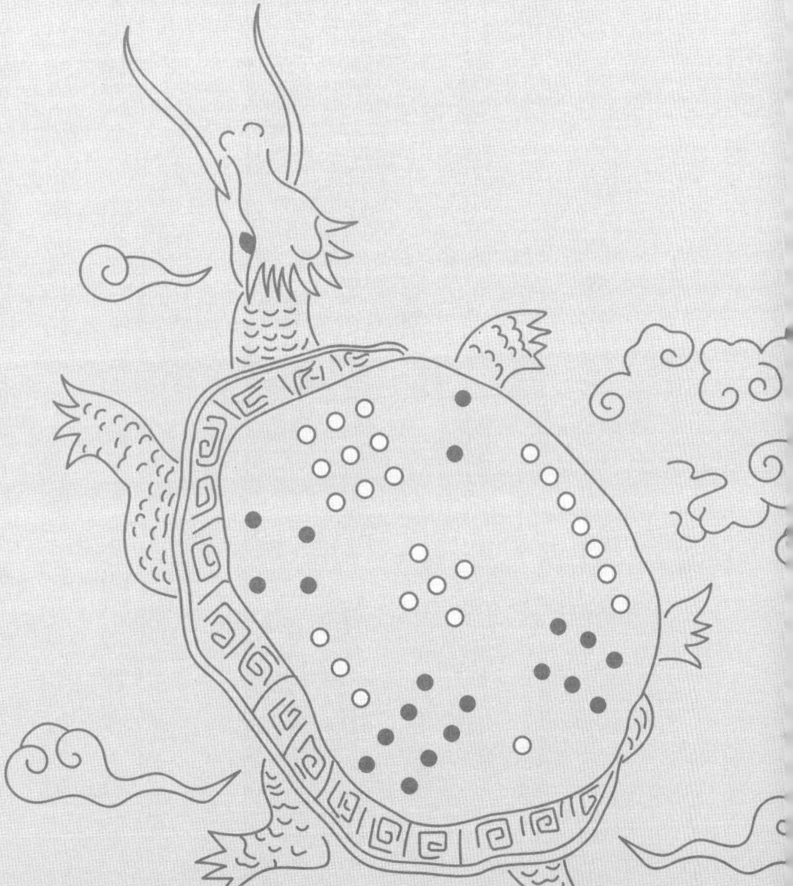

二十四節氣反映了季節氣候的變化。節氣是地球繞太陽公轉時，在春夏秋冬間所產生的自然變化（公轉：是一個天體繞著另一個天體轉動，地球繞太陽公轉一周的時間大致是三百六十五天，也就是四季）。一年當中共有二十四節氣，是根據太陽在星空間移動的視覺位置來決定的，是相間排列十二個「節令」和十二個「中氣」的統稱。二十四節氣以立春起算，奇數稱節令、偶數稱中氣。

八字排盤不是以農曆初一為始，而是需要結合節氣，也要注意節令的分界點。推算八字過程月令非常重要，因其掌管一個月的生殺大權，不僅僅是分界線，更是衡量八字中干支旺衰的標準（因大運為吉凶樞紐，須由月令推演而得）。

立春：立春就是春季開始的第一個節氣（第一個節令），大約在每年的公曆（陽曆）二月四日前後。立春在寅支，之後木氣漸旺。俗云一年之計在於春，所以逢寅木易有新的計畫或現象產生。立春日若下雨，直到清明前都會多雨。春寒料峭喜晴不喜雨、尤其忌諱打雷；立春不打春雷一定是好年冬，若打雷則六畜不安。立春後潮汐海流加大，氣候陰晴冷暖無常；俗云「春霧蒙死鬼」，春天降霧後，天氣會放晴，夏天降霧則會雨澇成災；這種現象啟示我們，丙辛合逢春夏較易化水。

雨水：開始降雨且雨量漸增，農村開始準備耕田播種，約為每年公曆（陽曆）二月十九日前後。所謂雨水雨連綿，農夫兆豐年；春寒雨連綿，冬寒不見泉。春天氣溫低則多雨，冬天氣溫低雨反而少（丙辛逢秋冬不易化水）。雖然已經入春溫度仍低，雨水或海水相對較冷，尤其是海水。雨打元宵燈，日曝清明前：元宵當日下雨，清明前會缺雨。

驚蟄：驚蟄節氣、春雷乍鳴，驚醒了蟄伏在土中冬眠的動物，此際春耕便開始了，大約在每年公曆（陽曆）的三月六日前後。驚蟄為卯支，此際樹木逐漸開枝散葉，適合人際關係之拓展。驚蟄打雷表示節氣無誤，象徵風調雨順、稻穀豐收，米價會相對便宜。驚蟄鳥隻曝翅，驚蟄後氣溫升高，不但土中蟄蟲出動，連鳥兒也飛出巢外，停在樹枝上頭曬太陽。驚蟄之前就打雷，會連續下四十九天的雨。

春分：分是平分的意思，表示晝夜平均，此時陽光直射赤道，南北半球的陽光均照，晝夜幾乎一樣長，約為每年的公曆（陽曆）三月二十一日前後。

春分晝夜對分：春分日晝夜各為十二小時。春分前好插秧，春分後好種豆。春分有雨病人稀，五穀稻作處處宜，春分時節農作物需雨水滋潤。農曆二月、八月氣候冷熱多變化，故有亂穿衣現象。

清明：中國部分地區氣溫升高、雨量增多，大約為每年的公曆（陽曆）四月五日前後。此際草木繁茂，可擴增產品、發展組織、利於行銷。清明日吹南風主豐年，吹北風則欠收。清明晴魚上高坪，清明雨魚埤下死：清明日晴則日後多雨水，當日雨反而會有旱災。三月少雨，六月多風。清明下雨，穀雨多半會放晴。清明芋、穀雨薑，此節氣適合種芋頭、生薑。

穀雨：這個季節是北方春作出苗季節，因雨量充足所以穀類茁壯。約每年的公曆（陽曆）四月二十日左右。穀雨凍死虎，常有冷鋒過境，令人冷得發抖。鳥隻大量交配、繁殖。春茶開始摘採，必須把握時機，否則茶質不佳，一天到晚採茶、烘茶，此時茶農最為忙碌。穀雨若在月初，人民多疾病。穀雨前後好種薑，正是種植生薑的季節。一斗東風三斗水，此季節吹東風則多雨。

立夏：立夏就是夏季開始的季節，天氣逐漸炎熱。大約為每年的公曆（陽曆）五月六日左右。立夏要為老年人進補。立夏刮北風容易乾旱。立夏稻仔做老父，形容一期稻作已含苞吐穗。立夏雨潺潺，五穀無處置。清明不在三月、立夏不在四月，當年所出的新米與舊米同樣貴。

小滿：麥類及夏熟作物籽粒開始飽滿，小滿後北方小麥要成熟了，黃淮流域小麥要收割。大約為每年的公曆（陽曆）五月二十一日前後。小滿雨綿綿，已進入梅雨季節。小滿櫃、芒種穗，水稻在小滿前後開始吐穗開花。芋頭是在小滿時成長的，小滿若逢甲子、庚辰日，估計水稻多病蟲害。雲霧罩不開，出門備雨具。

芒種：是麥類等有芒作物成熟的季節。大約為每年的公曆（陽曆）六月六日前後。芒種為午支，已有短期的收穫。芒種雨、五月土、六月火燒埔；芒種日下雨便會下到五月，即俗稱梅雨。五月龍船北：端午節前後還有吹北風的可能。芒種前後會出現鯊魚。芒種夏至，熱帶芒果在芒種後上市。陰曆五月以後花期均過，蝴蝶已無花粉可採。

夏至：炎熱的夏天已經來臨。此際為一年中白天最長，大約為每年的公曆（陽曆）六月二十一日前後。夏至後由梅雨進入颱風季節。夏至炎熱、人顯慵懶。水稻正在結實，若風大白穗會禾頭空。入夏常有西北雨，雨勢急、區域小，經常東雨西晴。

小暑：暑是炎熱的意思，小暑後就要分為「初伏、中伏、末伏」。小暑就是氣候開始炎熱，快要到最熱的時候了。大約為每年的公曆（陽曆）七月七日前後。小暑為未支，此際第一期的農作物即將收成，也準備進行二期播種，應用上為常有騎驢找馬的空窗期。小暑驚東風，之後天氣便一天比一天熱了。

大暑：一年中最熱的時候。大約為每年的公曆（陽曆）七月二十三日前後。大暑驚紅霞。小暑吹東風、大暑傍晚紅霞滿天，都是刮颱風的徵兆。六月初一、一雷壓九颱，無雷便有颱；民間常以六月初一是否打雷判斷有無颱風。六月六日下雨、百日後見霜，當年秋冬會很冷。六月六仙草、米苔目：仙草水與米苔目是臺灣夏季最佳消暑聖品。六月防初、七月防半：六月初旬、七月中旬的颱風最強烈，須慎防之。大暑公、好年冬：大暑在奇數日；大暑母、老鼠滿田走：大暑在偶數日；指以奇偶日來預期稻作之豐收與否。大暑熱不透，風颱大水到：會有水災或風災，以致收成不佳。小暑或大暑，有米懶得煮：天氣熱到人連三餐都懶得煮。

立秋：有了前面的立春、立夏，立秋也就不難理解了，便是秋季的開始。大約為每年的公曆（陽曆）八月八日前後。立秋在農曆六月，漁業會提早結束，立秋在農曆七月，天氣將持續穩定，漁業捕獲可延長、收入較豐。雷打秋，年冬高地半收，低地水漂流：立秋日打雷，二期稻作欠收。立秋忌雷，全台皆然。立秋後若雨，一天落雨一天涼。立秋無雨最堪憂，萬物只半收：立秋不下雨、收成不佳。七月打雷就會刮起東北季風。

處暑：處是終止、躲藏的意思。處暑是表示炎熱的暑天結束，天氣開始由熱變冷。大約為每年的公曆（陽曆）八月二十三日前後。處暑曝鼠、天氣酷熱。日出生紅雲，勸君莫出行：有颱風徵兆則勿出門遠行。七月半鴨不知死：鴨子養到七月會宰來普渡，後人用以比喻不知死活。

白露：氣溫降低，天氣轉涼並出現了露水。大約為每年的公曆（陽曆）九月八日前後。白露水卡毒鬼：形容白露雨水性毒。白露日若下大雨，二期稻大部分會白穗。八月八落雨，長雨一下八個月、無一處乾土。

秋分：秋分日夜平分，陽光直照赤道、晝夜等長。大約為每年的公曆（陽曆）九月二十三日前後。秋分天氣白雲多，處處歡聲歌好禾；只怕此日雷電閃，冬來米價貴如何。秋分日天晴占豐年，打雷則占欠收。月半看田頭：此時二期稻作好壞已可見。早冬雨：一期稻作要靠春雨灌溉，二期稻作則喜得露水滋潤。

寒露：華北地區進入了深秋，露水以寒、東北地區將要結冰。大約為每年的公曆（陽曆）十月八日前後。白露水、寒露風：白露日若下雨，則寒露日會有颱風。九月颱無人知：喻九月非颱風季節，大家防颱的心理都已鬆懈，故若再有颱風便會令人措手不及。九月九、風吹滿天哮：風大、是放風箏的好季節。

霜降：天氣漸冷，開始有霜。大約為每年的公曆（陽曆）九月二十三日前後。

霜降風颱走去藏：霜降後，颱風也逐漸結束。霜降豆、寒露麥：宜種植花生、豆類植物。霜降稻仔齊，牽牛加伊犁：指此際二期稻作若尚未出齊即無經濟效益，可加以犁除。

立冬：北半球的冬季開始，黃河中下游要結冰了，大約為每年的公曆（陽曆）十月七日前後。立冬過，稻仔一日黃三分。立冬收成期，雞鳥會啼：指雞及野生的鳥因有穀物可吃而顯生氣。補冬補嘴空：立冬日要進補，一般是吃麻油雞酒或是四物、八珍、十全等。

小雪：已經到了要下雪的時候，大約為每年的公曆（陽曆）十一月二十二日前後。小雪前後烏魚群來到臺灣海峽。月內若響雷，豬牛飼不肥：十月已入冬應無雷，否則豬牛六畜恐有災疫。十月豆仔魚肥到不見頭：十月可以捕到相當肥美的豆仔魚。

大雪：降雪量增多，地面可能積雪。大約為每年的公曆（陽曆）十二月七日前後。大雪到來，烏魚群大批湧進臺灣海峽。海潮在月初三與十八日間有早滿、晚退的現象。

冬至：冬至是北半球冬季的進行式，這時候白晝短、黑夜長，寒冷的冬天來臨。大約為每年的公曆（陽曆）十二月二十二日前後。冬至烏、過年酥：冬至若下雨，則過年會放晴。冬至晴朗，農夫忙於農事。冬至為古代之過年，故說吃過冬至湯圓，即算添增一歲。

小寒：這個時節已進入嚴寒的氣候，大約為每年的公曆（陽曆）一月六日前後。小寒冷、人馬安：此際天寒、人畜才不易有災疫。十二月打雷，次年有豬瘟。大雪在農曆十二月初一，來年雨量稀少。

大寒：一年中最冷的時候，大約為每年的公曆（陽曆）一月二十日前後。大寒不寒、人馬不安：若害蟲不凍死或蟄伏，則人畜必有災殃。大寒不寒、春分不暖：該冷不冷、氣候會後移，翌年春分天氣仍會十分寒冷。新年頭、舊年尾：一個是開始（立春），一個是結束（大寒），要特別注意身體及謹言慎行。

節氣歌

正月立春雨水節，
二月驚蟄與春分。
三月清明並穀雨，
四月立夏小滿方。
五月芒種及夏至，
六月小暑大暑光。
七月立秋又處暑，
八月白露秋分忙。
九月寒露與霜降，
十月立冬小雪藏。
冬月大雪和冬至，
臘月小寒大寒當。

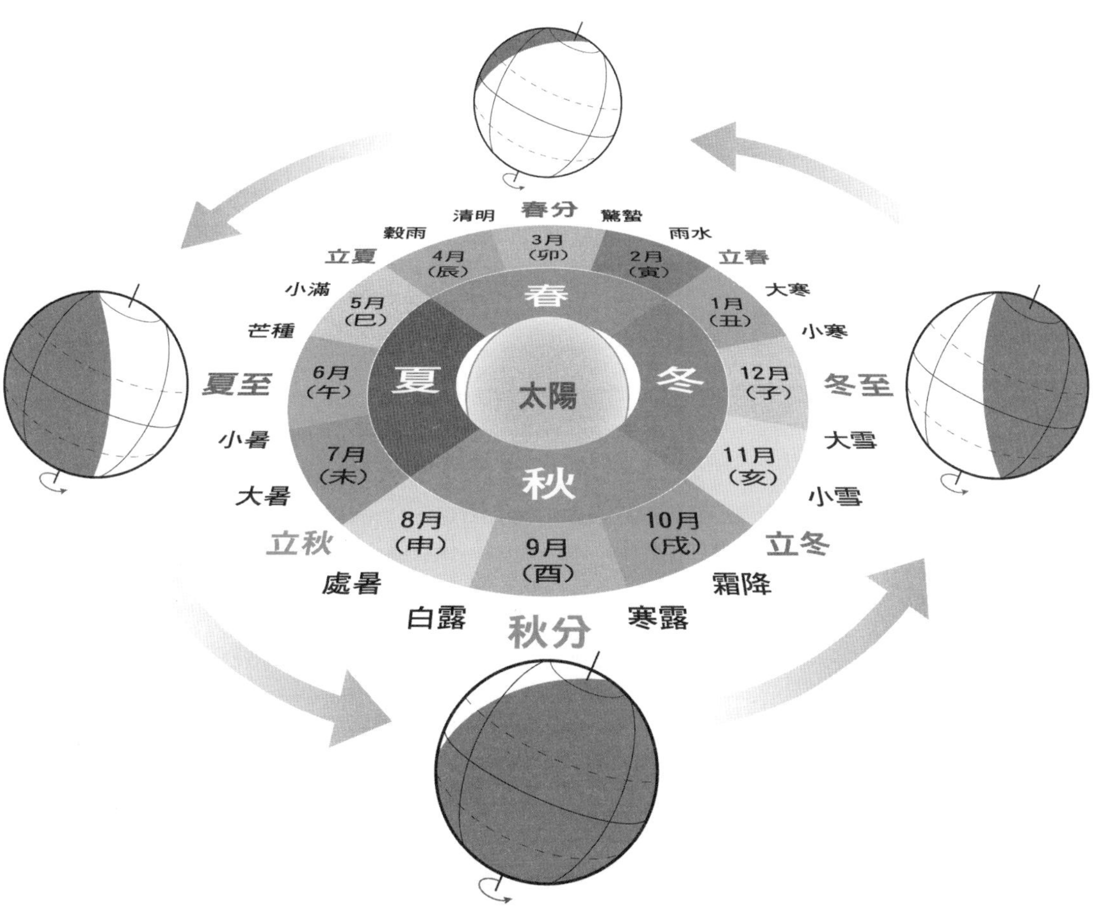

第一節　命盤格局總論

傳統八字以日主強弱和諸多格局做為學理架構，並以求中庸為宗旨，字面上看似合情合理，但中庸只是一種理想、並非學理。《易經》繫辭：「**陽卦多陰，陰卦多陽，其故何也？陽卦奇，陰卦耦。其德行何也？陽一君而二民，君子之道也；陰二君而一民，小人之道也。**」八卦中以寡為用，是故震卦陰爻多而從陽，巽卦則陽多而從陰。萬事萬物皆以稀為貴，因而身弱者易成為眾人崇拜的偶像，一如滿盤木火土，必然會期盼天降甘霖以育物；身強者則會因主觀意識強烈，而任性強取或想駕馭群眾。

強弱法則是二分法，諸多久溺此術者常因堅持己見而爭得面紅耳熱！就稼穡格所言不能見官殺，殊不知稼穡之意為播種與收穀、乃農事的總稱。《孟子．滕文公上》：「**后稷教民稼穡、樹藝五穀，五穀熟而民人育。**」由此即知不能見木實乃荒謬之論！一個命盤的否泰現象，值得參考的是能否育木，因五行當中只有木具生命性。爾今是多元化的時代，倘若某些命盤比較偏枯卻成格，一定是從事比較獨特或冷門的事業。

福禍相倚乃天地不變的真理，猶太極中兩儀消長無常，此中隱藏的道理絕非命格「強弱」、「調候」、「通關」、「從格」法則所能概括。因所有的事物皆福禍相隨，我們在論命過程中，常會遇到逢喜用神時則斷吉，但即使此人因用神而發跡，卻也常出現該用神之五行的六親或自己的身體出了問題。就以調候而言，很明顯也出現問題，例該造是天寒地凍之格，必然喜用火來調候，但嚴冬猶如窮鄉僻野，是一位缺少社會經驗的人，一旦見火確實容易遇到貴人，但至終易因沾染色彩或獲得短暫好處而自我迷失，導致最後的失敗。

火炎土燥需用水調候，天寒地凍喜用火來調候，歸類後，調候之法大致都以水或火為用神，但水火的作用在水火既濟及火水未濟兩卦中就描述得非常清楚，既濟卦象曰：「**水在火上，既濟，君子以思患而豫防之**。」未濟卦象曰：「**火在水上，未濟，君子以慎辨物居方**。」水火為坎離，分別居北南兩域，俗云水火無情，乃因其象徵天地無私，所以春夏逢水火會發揮既濟之功，但秋冬後水火會各歸本位而形成未濟之狀，兩者會分道揚鑣，甚至反目成仇。其實水火也象徵鬼神，子曰：「**務民之義，敬鬼神而遠之，可謂知矣。**」其中道理同水火既濟及火水未濟兩卦之理，故既濟辭曰：「**初吉，終亂**」，未濟彖曰：「**不續終也**」。或許虔誠供奉神鬼，可能會獲得短暫好處，但後天離坎為先天乾坤，終究會回歸天地無為、無私之心，故當以自我修省為要，次者再敬鬼神而遠之。

命學本為「四柱八字」，傳襲至今，「四柱論法」已蹤跡全無；爾今只要藉由《六十甲子象義》即可尋回，也能輕而易舉地找到每柱的優缺點。觀象知命後宜善用自己的優點，改進與生俱來的缺點。論命者要有正確觀念，易理本著重「道德」而非「術法」，研習五術要由術入道，執業者切勿因神術妙法而暢所欲言。水風井象曰：「**君子以勞民勸相**」，是要我們效法井道養民，讓人聞言如甘水入口而悅在心中，願與大家同勉共修。

古有三不朽，即：立德、立功、立言，旨在弘揚正論，藉以教導蒙昧者以至賢達。《易經》中的智慧宜眾志成城、層層累積、集腋成裘，企盼能一棒接一棒地傳承下去，使易學有嶄新的未來，並將《易經八字》推廣至全世界，為中華文化爭光，更讓先賢的智慧再次展露無遺。

四柱宮位

根【年柱】

主「木星」、又曰「歲星」，其周天為十二年，即地支十二生肖。為祖上宮位，行限為一至十五歲，主「先天」遺傳基因，可論斷祖源及早年的家庭環境。年柱離日主較遠，可視為「香火」及「風水」事項，約八歲後年柱就會往月柱行進，交易後吉凶則顯矣。

倘若年月逢刑、沖、合、害或化退神，「香火」或「風水」必有問題。欲知風水之利弊，可將五神契於六獸。

水主玄武：主屋後、為坎卦、為陷，水為忌或化退神，墓地周遭必有凹陷（陽宅亦可同論），易導致淫亂、怪夢陰魔、賭博破財、偷盜事件、吸毒或腎臟病、車禍受傷。

木主青龍：震巽兩卦五行屬木，木為忌或化退神，主龍砂無力，案山為退回筆；震巽卦逢亥水困木，祖墳易鑽樹根或浸水，以致近色成災、筋骨酸痛，嚴重者會出現神經病或腎疾。

火主朱雀：主明堂、屬離卦、為亮麗，火為忌或化退神，主立碑方向錯誤，導致口舌是非、祝融之災和嚴重偏房及意外。

土主勾螣：即勾陳、螣蛇。屬艮坤兩卦，為中央戊己土，逢刑主沒接到來脈，穴位不正、墓碑或周遭裂損，易偏房份、車禍血光、泌尿系統疾病、投資損財。

金主白虎：屬乾兌兩卦，金為忌或化退神，主虎砂水口無攔，導致病患成災、偏房意外、財來財去、投資有去無回。臺灣自民國九十九年頒布殯葬管理條例後，國人選擇靈骨塔比例提高，活人與死人的爭地戰爭，似乎是活人贏了。靈骨塔的吉凶雖沒土葬感應那麼強烈，但型勢亦要留意；宜吻合真龍落脈、開面展肩，靈光聚合於中，山環水抱才是好地理，否則也可能是應期反撲前的寧靜罷了。

苗【月柱】

主「太陽」，一個月走一宮，一年有十二個月。大運是由月令推算出來的，其記載太陽運行軌跡。為父母宮位，行限為十六至三十歲，主少年環境及求學階段，此階段與父母親的關係較密切，可用以察知家庭情狀，約二十二歲後月柱就要跟日柱交易比較。月柱比鄰日柱，亦可藉以測知「陽宅」格局。風水禁忌很多（略敘如下）。

水主坎卦：為通，可視為通道或大門納氣吉凶，大門代表職業否泰、權威能力，若入門的樓梯間或通道太暗，易患胃疾或免疫系統疾病，宜點燈照明即可化解。大門或來路猶人之嘴巴，所以門口忌擺無門的鞋櫃，鞋櫃也忌正對大門或擺放在臥室；高度太高、顏色花俏、亂放吉祥物皆不宜，因鞋櫃主巽卦、為臭，屬陰界管轄，易藏幽物；亦主倒房、大腸病毒。

土為四庫位：其質厚德載物，可類化為廁所，亦代表財庫、投資、感情、符咒、消化系統、兩性關係、泌尿系統。馬桶是廁所裡最污穢的，如果馬桶朝向屋前，代表主人煩惱多；若廁所擺置錯誤，可置黃金椰子盆栽，或放置在水箱上來化解，乃取土制水生木的五行生剋原理，以達化煞功效。

金為秋收果實：可視為廚房，廚房在風水學上屬陰，會影響健康與財運，尤以子宮、泌尿系統影響最大，也會影響生兒育女及夫妻感情。平時要保持乾淨明亮，不可任意堆積廚餘垃圾，刀具也要收藏好，避免引起口舌紛爭。

花

【日柱】

主「月亮」，一天繞行地球一圈。日柱的天干謂為元神、亦代表自己，地支為夫妻宮或自己的內心世界。日柱行限為三十一至四十五歲，約三十六歲後就要跟時柱交易比較，觀交錯是否得宜，即可評斷出吉凶現象。

年柱與月柱主「先天」，為既定不可改變之現象，猶如風水型勢或陽宅基座難以改變般。當今剖腹產可挑日時，但年月卻難以因人為而變更，所以先天象徵遺傳基因與無形磁場，深入而論則是與生俱來的因果；日柱與時柱為「後天」現象，如風水立向或陽宅大門、室內擺設及剖腹產日課皆可刻意人為調整。

五術應用要先明定體用，以堪輿而言，形勢地形為「體」，立向或格局為「用」，若訂房子為「體」，室內物品擺置則為「用」；姓名學則以生肖為「體」、名字為「用」，或以姓氏為「體」、名字為「用」，明訂體用後再契應先後天八卦之理，方能適才適用。

菓【時柱】

主「地球」、屬太陽系。運行一度為四分鐘，一宮有三十度，契應一個時辰有一百二十分鐘。代表子女或在外接觸的事物、朋友，行限為四十六至六十歲，約五十二歲後就要與年柱交易，觀兩柱相互交錯即可窺曉其人追求目標為何。

任何事物必因陰陽兩氣交感而生吉凶，所以四柱皆可相互交易，此法源於易理「錯綜」法則。吾人畢生研究易理，並以大自然為師，亦垂象而契於八字理論，因而能抛捨傳統公式之包袱，若能觀象看圖說故事，則能神準無比。但易理有易、不易、變易，故此著理論要以「觀象」為主、公式為輔，例某些特殊案例年月化退神而成格者，必有吻合易象之處，且其人必有祖德福蔭或默默行善所致，深入變易法則後，便能慢慢體悟因果與輪迴事宜，是一門值得細細品嘗探究的學術。

第二節　推算十神

十神又稱為六親，用以代表命盤中的人、事、物。日主代表「我」自己，為命盤中的「主體」，圍繞日主的七個干支為「客體」。當其他干支與日主產生關係後，便會形成變動與吉凶。十神可明確劃分六親尊卑和歸類種種事物，是八字學不可或缺的重要理論。

傳統八字以日主強弱來判斷喜用神，當八字五行偏孤了，就訂出了諸多的格局，先不討論其準確度，光要背這些公式就要耗時多年。易道以寡為用，是故陰多從陽、陽多從陰，若將這個概念融入八字理論，即可少走很多冤枉路，既精準又不必從猜測格局中去尋求準確率。

論斷格局時不用太過拘泥於「財、官、印、比、食」形態或身強身弱，只要知道六親所象徵的意義即可。用易經觀象法可輕易判斷出格局高低或吉凶悔吝。凡事皆以稀為貴，是故，日主過弱者乃眾人偶像，如滿盤木火土，必然極盼甘霖濟物；日主過旺者，必然因主觀意識重而想駕馭群雄，兩者的區別是以德服眾或以勢禦眾。

十神不分正偏時為「財、官、印、比、食」，但宜以陽見陽、陰見陰視為「正」，陽陰並見則為「偏」；象如電子「正正得正」、「負負得正」之原理，契至十神應用，假若日主元神是「甲」木，見「壬」即為「正印」；見「庚」即為「正官」；見「戊」即為「正財」。自然現象猶甲木長生在亥，亥藏壬甲，故壬為甲木出生地，理當視為「正印」；又如癸水長生於卯，所以「乙」見「癸」為「正印」、見「壬」則為「偏印」，餘干皆以此類推。

將先後天八卦契應後為「**乾配離**、**兌配巽**、**離配震**、**震配艮**、**巽配坤**、**坎配兌**、**艮配乾**、**坤配坎**」，先後天八卦是諸類五術的源頭，其中的法則也是陽陽、陰陰相配，才能以後天之用契合先天之體。其中「兌巽」的五行為「辛乙」、「震艮」則是「甲戊」，餘之坎離則須契子午巳亥地支。古代宮廷深怕真訣流入民間，因此篡改正偏之用，導致世人被迷惑千年，還依樣畫葫蘆的說天道地。

深植傳統命理思維的學者必然會反駁：天干五合中不就是一陰一陽之謂道嗎？我常說一個看似沒問題的理論，一旦害起人來是最容易也最可怕！如甲己合為夫妻正配，但依先後天八卦所言，甲之震木當植於戊土艮山，巽之乙木則要種在己土平原，如此才能適才適所；試問：請一位種田的人上山植樹適合嗎？

古代有嫁雞隨雞、嫁狗隨狗的觀念，所以用傳統法則亦能驗斷神準，然而放諸現今之自由社會呢？異議者不妨找數十個案例仔細端詳，便能體悟真理的可貴。經長期驗證後，因準確性極高，才將正偏「財官印」相反。愚人之前的著作，尚沒有修正財官印，爾後讀者皆要自行改過來，在此也深表歉意（因一項新的論述要發表，都要經過多年反覆印證才能發布公開，而不是一廂情願的想法，其中的理論是道法自然，不會影響準確率）。

十神可明確的顯示人、事、物變化，讓我們即早防範或作準備。至於十神的由來不外乎是：我、同我、我生、生我、我剋、剋我等對待關係。

同我——陽見陽、陰見陰，稱「比肩」，
陽見陰、陰見陽，稱「劫財」。

我生——陽見陽、陰見陰，稱「食神」，
陽見陰、陰見陽，稱「傷官」。

生我——陽見陽、陰見陰，稱「正印」，

陽見陰、陰見陽，稱「偏印」。

我剋——陽見陽、陰見陰，稱「正財」，

陽見陰、陰見陽，稱「偏財」。

剋我——陽見陽、陰見陰，稱「正官」，

陽見陰、陰見陽，稱「偏官」。

例：一

（年）壬見壬為「比肩」　壬寅　壬見寅為「食神」

（月）壬見癸為「劫財」　癸卯　壬見卯為「傷官」

（日）壬為自己「日主」　壬戌　壬見戌為「正官」

（時）壬見丁為「偏財」　丁巳　壬見巳為「正財」

例：二

（年）己見癸為「正財」　癸卯　己見卯為「正官」

（月）己見丁為「正印」　丁巳　己見巳為「偏印」

（日）己為自己「日主」 己巳 己見巳為「偏印」
（時）己見辛為「食神」 辛未 己見未為「比肩」

例：三

（年）乙見壬為「偏印」 壬寅 乙見寅為「劫財」
（月）乙見乙為「比肩」 乙巳 乙見巳為「傷官」
（日）乙為自己「日主」 乙丑 乙見丑為「正財」
（時）乙見癸為「正印」 癸未 乙見未為「正財」

例：四

（年）庚見癸為「傷官」 癸卯 庚見卯為「偏財」
（月）庚見戊為「正印」 戊午 庚見午為「偏官」
（日）庚為自己「日主」 庚子 庚見子為「傷官」
（時）庚見乙為「偏財」 乙酉 庚見酉為「劫財」

十神對照表

出生日	甲	乙	丙	丁	戊	己	庚	辛	壬	癸
正印	壬	癸	甲	乙	丙	丁	戊	己	庚	辛
偏印	癸	壬	乙	甲	丁	丙	己	戊	辛	庚
正官	庚	辛	壬	癸	甲	乙	丙	丁	戊	己
偏官	辛	庚	癸	壬	乙	甲	丁	丙	己	戊
正財	戊	己	庚	辛	壬	癸	甲	乙	丙	丁
偏財	己	戊	辛	庚	癸	壬	乙	甲	丁	丙
劫財	乙	甲	丁	丙	己	戊	辛	庚	癸	壬
比肩	甲	乙	丙	丁	戊	己	庚	辛	壬	癸
傷官	丁	丙	己	戊	辛	庚	癸	壬	乙	甲
食神	丙	丁	戊	己	庚	辛	壬	癸	甲	乙

第三節　十神新論及象徵意義

將正偏之財、官、印相反後，即可輕而易舉論出命盤中的瑣細人事物！易曰：「**在天成象，在地成形**」，地道中所產生的任何現象都攸關天施之氣，所以論命時要以觀象為主，勿要執泥格局，即可精準的論出驚人事物。命盤出現弊端時，宜藉易中哲理誥誡進退，切莫危言聳聽，要抱持坎卦「**常德行，習教事**」的心態以積累功德。

十神雖可精準的論述六親及自我性情，但與格局高低並沒有太大的關係，所以大致理解即可，不需花太多時間去背誦。但坊間大眾大致都已具備十神的概念，想增加論命時的豐富性，是可以花一些時間去迎合的。至於要解決問題者，還是要以觀象為主、十神為輔。以下是用觀象的法則去解讀十神的意思。

「**正財**」我願意或適合謀取的錢財。年月出現正財星，主異性緣好或姻緣早到。正財主公正不阿、童叟無欺、明辨是非、勝慨豪情、克勤克儉、嫉惡如仇、刻苦耐勞、不耍心機、愛惜金錢、重視信用、端莊樸實、妻兒盡責、理財天賦、累積財富。

「偏財」將就環境或委曲求全所謀得之財。例剛出社會打工再待機轉職，其人一生也常換工作。男女兩造年月出現偏財星，感情易無疾而終。偏財主慷慨豪邁、圓滑幹練、機智敏銳、淡泊名利、豪爽俠義、樂於助人、人緣特佳、風流多情、交際手腕、眼光銳利、活力旺盛、不畏困難。

「正官」我適任的職務，也為我能掌握的工作，可當老闆或陞遷為主管。帶正官星必然奉公守法、堅守崗位。正官主貴氣，代表地位、官階、名望、禮教、法律、紀律、秩序、法規。行為光明正大、俯仰無愧、高尚名譽、卓著信用、高雅氣質、端莊相貌、頭腦發達、心地善良、舉止磊落、重視道德、遵守法紀、清廉高潔、受人敬仰。

「偏官」委曲求全的工作或無法掌權之事，主副階工作；坤造多偏官星一生情感不順遂。偏官主剛愎自用、偏激叛逆、冒險犯難、行動勇猛、隨波逐流、缺乏鬥志、優異直覺、俠義心腸、抑強扶弱、凶慘無恩、肆無忌憚、急躁如火、獨斷獨行、孤苦無援、欠缺深慮、仗勢猛進、陷於境遇、永終知敝。

「正印」我樂意追求學習之事，也為我能掌握的權力。帶正印星有不動產，求知慾高，能學以致用。正印又稱印綬，乃玉璽也，象徵身分地位，也代表信譽學問。正印主資質溫文、氣質高雅、敦品力學、重視內涵、以德報怨、默默涵養、智慧聰明、大智若愚、心性慈惠，言語遲訥、深明大義、信望深博、出入安祥、逢凶化吉、具人情味、得貴人助、不遇橫凶、飲食正常、平生少病、福壽兩全、振興產業、繁榮家族。

「偏印」第二間房子或借地而居，亦主我無法掌握之權力，猶副主管。格局佳時可論有房子出租，但命格須同具正偏印。帶偏印星會多方追求資訊或經典，若無正印星則會寄託於宗教或玄學論說。偏印之人個性內向，喜歡思考、幻想不實、流於空想、為人乖僻、多愁善感、優柔寡斷、進退失據、鑽牛角尖、虎頭蛇尾、心存疑慮。

「比肩」主兄弟或姊妹，也為手腳技藝。比為「陽陽」、「陰陰」並見，象如男人做男人的事、女人做女人的事，並無特殊之處。命盤見「比」不見「劫」者，主從事熟悉事務或安守其職，但無具創意巧思。比肩太多主頑固不通、爭強好鬥、生涯多勞、勇邁有餘、權通不足、妒忌誹謗、爭端不和、不落人後、冥頑不靈、欠缺融通、喜愛鬥爭、六親緣薄、照顧部屬。

「劫財」主多重技藝或高超技術。劫財為陰陽相比，象如男人會做女人的事，女人能承擔男人的責任。劫財代表錢財感情之爭奪，有薄己利他的傾向。劫財主三心二意、頑強奮進、爭強好鬥、頑固不通、冷漠刻薄、妒心強烈、永不服輸、神氣驕橫、獨斷獨行、多情慷慨、招來誹謗、口舌爭論、華而不實、多生是非、嗜好投機、貪小失大。

「食神」陽陽、陰陰並見必然無法盡洩，主務實、不誇大或不良的表現。食神是內在才華的發揮，含蓄保守、內向多疑、性格開朗、生活安定、衣食無虞、聰明敏慧、深具靈性、財祿豐厚、度量寬宏、悠遊自足、通情達理、多福多壽、精神和暢、心寬體胖、知禮孝順、敦厚篤實、仁義道德、樂觀進取、審美能力、風流君子、消失殆盡、無拘無束。

「**傷官**」陰陽相生主誇大或良好的表現。傷官代表外在才華的發揮，活潑樂觀、多才多藝、博學多聞、聰明足智、清逸秀麗、領悟力強，無中生有、強烈慾望、自視甚高、獨裁倔強、活力充沛、天賦異稟、博而不精、氣量狹小、小怨必報，一身傲骨、自視不凡、睥睨他人、恃才傲物、任性驕縱、一意孤行、狂妄乖張、好管閒事、尖銳傷人、剛愎反覆、遭人誤解、招來誹議、觸犯法網、隨遇而安、追求自由。

第四節　十神的功能和類化

一、正官

正官為剋我之神，形態為陽陽、陰陰相剋。官星可生助印星，象徵賦予壓力後，可致使往後有能力掌權、獨當一面。陽陽、陰陰相剋之理猶適才適用，例陽陽相剋為男人肩負男人的壓力，陰見陰則為女人承受女人的壓力，如此就能名正言順了，所以凡能符合人性之神皆可謂正。

正官猶如父母管教子女，雖然嚴厲卻是出乎愛心，故正官為合理的管教，也是我能夠或願意承受的壓力，反推後則知其人較富前瞻性，相對也比較踏實。

正官如社會法律、學校校規，公司、工廠管理規則，因此只要是合理的管教範圍，皆可用正官來作為類化。

功能：①生助印星 ②剋制日主 ③洩化財星。

事物：正官是剋我的形態，故會使我產生壓力，但能讓我的行為受到規範、不敢胡作非為，所以富有正面的意義。

人物：有聲望者、掌權之人、願意遵循法規者，為老闆或主管、從政者、法官、公職、警察、師長、主管、法律、校規、常規、疾病、帶病延年者。凡是正當合理的約束，皆可以用正官類化。

六親：女命的丈夫、男命的女兒。為上司、長官、律師、醫生。

性情：管理時較講情理，為穩定持續的工作。願意遵循法規，重紀律、負責任，行為光明磊落，正直保守、品行端正，注重理想及目標的實現。但嫌墨守成規、不善變通。生活刻板嚴肅，凡事顧慮太多、優柔寡斷，常錯失良機。

二、偏官

偏官為陽陰相剋，如男人只能做女人的工作，女人必須承擔男人的責任，會常因達不到自己的理想而產生怨天尤人的心態，故其剋無情。

偏官如軍官訓練士兵，合理管教稱訓練，不合理的管教為磨練，因而顯得偏激無情。凡生活上要求過於嚴厲，或要求會造成傷害、壓迫，皆可以用偏官作為類化。

功能：①生助印星 ②剋伐日主 ③洩化財星。

事物：狂風暴雨、烈日曝曬、車禍血光、刀槍砲藥、毒蛇猛獸、嚴厲軍規、戰爭侵略、意外病痛……等，皆可用偏官類化。

人物：權威者、不果斷者、競爭力弱者、武將、軍官、警察、屠宰、外科醫生、意外傷害者。

六親：男命的兒子、女命的情人或委曲求全的丈夫。

性情：不通人情、個性偏激、喜好競爭、容易樹敵、知心朋友少，易反目成仇。具報復心、處事衝動，容易鑄成大錯，易有輕生念頭，有酒色之癖。

三、正印

正印為陽生陽、陰生陰，大致指自己喜歡追求的學問，也為房子、車子和追求的理想。正印如母親照顧小孩，必定是全力以赴；故凡是能蔭庇我、幫助我、照顧我，與我關係良好，能帶給我好處之人事，皆可以用正印類化。

功能：①生助日主及比劫 ②洩化官星 ③保護日主 ④剋制食神。

事物：類化事物為學歷、房子、車子、舟船、飛機、衣服、書本、文具、證件、文憑、契約、學校、環境、雨水、太陽、廟宇、教堂、防空洞、肥沃土壤、修行場所。

人物：師長、父母、長輩、貴人、忠厚者、掌權者、經營者、慈祥者、付出者、有名望者，處事細心者、富耐心有修養之人……等，皆可以用正印類化。

六親：男女命的母親、老師、長輩。自己尊敬的長輩。

性情：執行力強，思索事物能瞻前顧後也比較孝順。生活穩定呆板，墨守常規，依賴心重，較愛面子，個性溫文仁慈，重視名譽。凡務實力求穩定者，皆可類化。

四、偏印

偏印為陰陽相生，也因陰陽情性有異而易產生偏頗，故生之無情。如自己不是父母偏愛的子女，或繼母照顧前妻的小孩，難免性疏情微。凡在委曲求全下生存，或扮演尖酸刻薄的長輩角色時，皆可用偏印作為類化。

功能：①生助日主及比劫 ②洩化官星保護日主 ③剋制食傷。

事物：借居之地、補習班、中醫院、宗教場所、命相館、墓園、別墅、第二棟房子、汽車旅館、租借場所。

人物：祩母、宗教家、陰陽家、通靈者、補習班老師、脫俗理論者，異於常人思想者，求異路功名者、旁門左道者，凡受疏情賦予者皆可用偏印類化。

六親：繼母、堂表親戚。男女命的親族長輩。

性情：偏印的思想易執於一面，象徵多想少做、性情孤僻、疑心病重、意志不堅、處事刻薄冷漠，固執、不通人情，點子多、不講理、不願意接受別人的意見，不易滿足於現狀。行事缺乏持久性，常有始無終，虎頭蛇尾、多學少成、喜走捷徑，但善於察言觀色，做事心思細膩、精明能幹，有獨特的領悟力，喜怒不形於色。因其思想超凡奇特，故常與世俗格格不入，容易養成獨處的習慣。

五、比肩

比肩為同性相比，雖可助我，但亦為同性相斥，其情較疏。比肩如兄弟之情，雖可助我，但當我財旺物豐時，其亦有分奪之權利。凡於我弱時可以扶助我，於我旺時卻會與我產生競爭，皆可以用比肩類化。

功能：①洩化印星扶助日主②生助食傷③剋奪財星④幫助日主抵制官殺。

事物：擅長固定技能，可類化為操作慾望、合夥事業、競爭事業、勞力事業，健康器材、枴杖義肢。凡目標相同、行為一致時，皆可以用比肩類化。

人物：理念相同者、同門師兄弟、武術家、削價競爭的商人，作業員、操手腳行業的人。凡能激勵我、使我產生動能或競爭力者，皆可以比肩類化。

六親：男命的兄弟、女命的姊妹。輩分、性別相同的人：如朋友、同事、同學。

性情：行事會強調自我、意識觀念重，不善變通、自尊心強、行為自主。凡事較主動，立場堅定、不易隨波逐流，重視朋友情誼、較講義氣。行事果斷但衝動，不懼強權、勇於冒險犯難，行動力強，願意接受命運及環境的挑戰，較無心機、表裡一致。

六、劫財

劫財為異性相比，具相吸之情，比肩如兄弟及同性朋友，劫財如兄妹、姊弟或異性朋友。劫財並非一定是劫我錢財之人，因具相吸之情，於我需要助益時，亦可助我一臂之力，但於我物豐時，劫奪的力量更甚於比肩。

功能：①洩化印星生扶日主 ②生助食傷 ③剋制財星 ④幫助日主抵制官殺。

事物：運動器材、輔助器材、意見紛歧、多競爭者、削價競爭、殘暴行為、打鬥事件、行為異常。凡一體兩面之事物，皆可以用劫財類化。

人物：行動派、異性朋友、能者多勞者、技術高超者、從事人際關係者、現實主義者、凡有強烈操作慾望者皆可用劫財類化。

六親：男命的姊妹、女命的兄弟、同輩的異性親友。

性情：劫財為異性相比，有不服輸和濟弱扶傾的性情。喜歡與人競賽，擁有雙重性格，理論精闢、反應靈敏、動作敏捷、口才好，擅於見風轉舵，但不善於控制情緒，有強烈的操縱慾。行動過於思考，喜用武力解決事情，不怕流血流汗、野心大，肯冒險犯難。凡事勇往直前、獨斷獨行，不善於理財。衝動時敢以身家性命作為賭注，平時注重運動與身體保養，重肉身慾望。

七、食神

食神乃我生之神，為同性相生不盡生。如將自己所擁有的專長表現出來，亦同自己發洩、付諸之行為。當今社會資訊發達，皆賴獨特創意才能有革新創舉；但食神為陽陽、陰陰相生，較適合專業性質的創作。凡我創作、我發明，我開創的事物，皆可用食神作為類化。

功能：①洩化日主及比肩 ②生助財星 ③剋制官殺。

事物：專業創作、情趣之事、脫俗之事、短暫事物。追求精神目標，領先科技、獨特見解……等。凡可自由發揮、自我宣洩、不受拘束之事物，皆可以用食神類化。

人物：不受約束者、自由業者、無憂之人或解憂者，能排解壓力之人、體貼厚道者、發明者、藝術家、表演者、發表者、懶散之人、創造時代潮流之人。

六親：男命的岳母、女命的女兒。晚輩、學生、下屬。

性情：食神為陽陽、陰陰相生，故帶食神之人會專注於自己喜歡的事物，也易擁有特殊的才藝。為人性情溫和、崇尚和平、寬容善良、修養好，凡事不喜計較。生活瀟灑、無拘無束，愛出風頭但含蓄，喜好表現，重內涵不重外表。處世以柔克剛，生活講究情調，富有文學藝術氣息，做事缺乏耐心，行動力弱、無心機、語文能力好、善於巧辯，思想領域寬廣，有口福。易因行為不拘而染上惡習。

八、傷官

傷官為我生之神，為異性相生必盡生。食神乃同性相生不盡生，故其發洩為合理的宣洩；傷官為異性相生必盡生，反易洩之太過，故為極叛逆或良好的表現。凡不願遵循常規、違背法理之事，皆可以用傷官類化。

功能：①洩化比劫 ②生助財星 ③剋制官星保護日主。

事物：雜藝、演藝事業、精密科技、旅遊業、報社、徵信社、流動事業。

人物：記者、偵探、推銷員、違法者、貪吃者、揭人隱私者。凡喜好追求新鮮事物或個性叛逆、遊走法律邊緣之人，皆可用傷官類化。

六親：孫女，女命的兒子。晚輩、僕人。

性情：任性放縱；也因追求事物太過廣泛導致博而不精。平時喜隨心所欲、不守禮法、不喜拘束、反抗叛逆、愛出風頭、固執不屈服、喜好誇大、感情用事。處事較情緒化，追求亮麗、新鮮之物，愛漂亮、愛幻想，具有創造力，長相清秀，對任何事物的領悟力極強，學習能力佳、善於模仿，言行舉止傲慢，不願受世俗禮法的約束，容易破壞法規，終生奔波勞碌、風流好色，雖巧但貧。

九、正財

正財乃我剋之神，性質為陰陰、陽陽相剋，所剋合乎情禮；如男人本當賺能力所具之財，女人則爭取該得利益。正財顧名思義為較固定的財源，書云：「**印為扶身之本，財乃養命之源**」。凡較穩定或來源正當之錢財，皆可以用正財類化。

功能：①生助官星 ②洩化食傷 ③剋制印星。

事物：企劃、編輯、操控，正當的感情、固定的收入。凡我付出代價或勞力即可掌握之事物，皆可以用正財類化。

人物：商人、理財者、富有之人、講信用者、上班領薪之人、常與金錢產生關係之人。

六親：男命的妻子、兄嫂、弟媳；女命的父親、婆婆、伯叔。

性情：正財富正當性，故只要能賺錢時，就可以放下身段去爭取，也願意遵循常規去獲取錢財。生性執著、現實重利益，做事講求效率，刻苦耐勞。由於財星會剋印星，故較不相信鬼神、宗教、玄學之事。

十、偏財

偏財亦為我剋之神，但陰陽異性相吸是與生俱來的業障，乃明知不適合卻又深陷其中、無法自拔，故其情糾結不親。凡具不固定性或時有時無、患得患失之人事物，皆可以用偏財類化。

功能：①洩化食傷之氣 ②生助官殺 ③剋制印星。

事物：交際、失戀、投機、善變、財來財去。

人物：感情不專之人，掌握時機時野心過大、講求現實利益之人。

六親：男命的父親、伯叔。

性情：圓滑幹練、豪邁不拘、心浮氣躁。凡事隨心所欲，較不注重原則，做事速戰速決，不喜拖泥帶水，用情不專、想像力好、思想敏捷、不喜守舊，易風流成性。

第五節　天干五合

天干五合源自河圖：

一六共宗水、二七同道火；

三八為朋木、四九為友金；

五十同途土。

即甲一、乙二、丙三、丁四、戊五。己六、庚七、辛八、壬九、癸十。

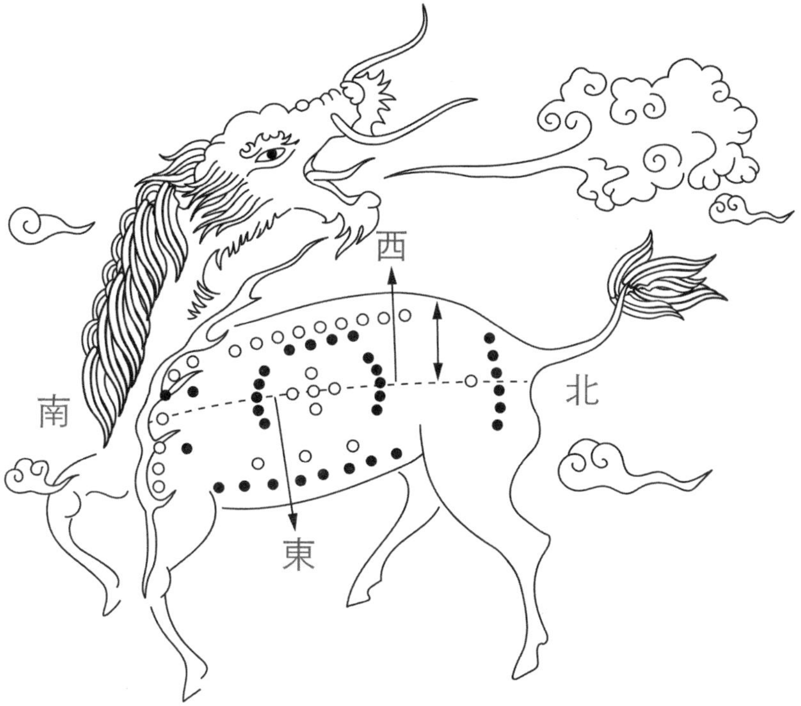
西
南
北
東

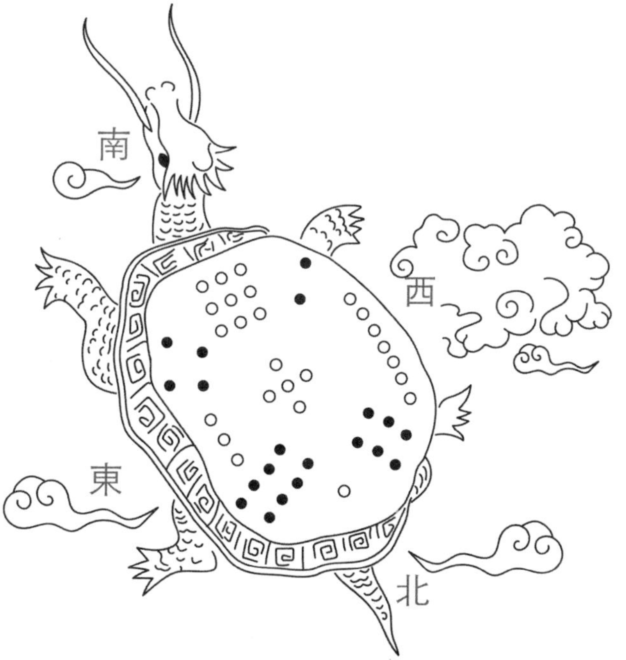
南
西
東
北

甲己：中正之合、化土（王三錫命）

甲木為巨樹、己土為平原，大樹本當植於高山，才能漸長成為神木，一如深謀遠見之人。見甲木植於平原，雖有水土保持之功，但容易因安逸而喪遠志。

雷地豫辭曰：「**豫，利建侯行師。**」豫卦上震為甲木、下坤為己土，含甲己合化土之象，「**中正之合**」義含以中原為基以統一全國。**豫**：震木乘西南高溫坤土必可奮豫而長；亦誥誡春回大地，不能再怠惰而猶豫不決了！**利建侯行師**：木剋土為率兵作戰，以佔領敵國土地；上震為足，足履於下坤平原及互艮高山，乃腳足頻動象也；大象成坎，穿越山谷河川與平地，呈現忽隱忽現形態，狀似長驅直進之行軍部隊。豫卦震木（寅木）始萌於艮宮，穿越巽宮辰土水庫至平原坤土，再至西北戌支攻克蠻方邦族，至終班師回朝、返歸艮宮丑域國土。

地支猶電腦的硬體、天干則是週邊配備（螢幕顯示器），十二地支人元暗藏則是積體電路板或驅動程式。後天八卦中只有艮宮「丑寅」地支人元暗藏皆含天干五合，寅支藏甲丙戊、丑支藏己辛癸，即「甲己合、丙辛合、戊癸合」，而成為萬物終始輪迴的樞紐。因此，甲己合化土至丑域，乃經「**致役乎坤，成乎艮。**」而**君子有終**。

乾造

年　甲子　六甲戌
月　癸酉　一六乙亥
日　己未　二六丙子
時　甲戌　三六丁丑

年柱甲子至時柱甲戌為官星化進神，乙亥大運時比較悠閒，人生沒有明確的目標（因乙木坐亥水，如水上漂浮之木，易隨波逐流）；步入丙子大運後，浮現如履薄冰之危機感，於是在二十八歲辛卯流年與時柱戌土作合時（卯戌合為：**夫征不復**），竟然下了重大決定，隻身到國外讀書。三十二歲乙未流年與日主己未暗夾乙丑，又和月支酉丑半合、年支大運子丑六合、日時地支構成丑戌未三刑，日支己未之乙木化退透出時干，為我不能掌握之事，該運在國外開車發生嚴重的車禍，撞擊至胃嚴重受損而切除一半，乃因天干甲己合柱限在月支而不化，又月日支酉至未為蠱象，再加上丑戌未三刑而應開刀。由己未至甲戌即可甲己合化土，可有一番作為。

乙庚：仁義之合、化金（利有攸往）

庚金為氣流而無處不及，萬物莫不與其不期而遇；乙木為花草，可藉以探察風向（察覺天意），故庚為先天「天機星」、乙為後天「天機星」，凡逢乙庚合者，皆喜歡藉玄學預知未來運勢。

乙庚合化金要逢申酉戌季節，木道才會結果而有終；乙庚合見申為有仁無義、因申並未到結果季節；乙庚合見酉則為送佛至西天；見戌為果實已腐、乃始求深象也。

乙庚合若停留在春就如業務人員，會反覆其事。倘若年月已合化金，代表父母或自己早年事業就已經穩定了；但日時合而不化，則為已有主體事業了，但還需要不斷的去擴展業務。

天風姤卦九五爻曰：「**以杞包瓜，含章，有隕自天。**」**以杞包瓜**：姤是五月卦，契於色紅杞體與瓜皆盛產於五月。杞亦國名、周朝的諸侯國，為現今河南「杞縣」，瓜：葫蘆科的植物總稱，開黃色花，產於非中原地區；**含章**：瓜類乃藩邦進貢的外域舶來品，喻遲早要用「枸杞」含括所有「瓜類」，即要由中原統一全國；**有隕自天**：隕（音允），周圍、墜落，引申天命所屬；九五居乾體、為天、為圜（環繞、圍繞），由中原統一全國乃天意所屬。姤卦上乾為庚、下巽為乙，含「天命所屬」、「取而代之」象也。

坤造

年	庚子	二四壬午
月	乙酉	三四辛巳
日	丙午	四四庚辰
時	戊戌	五四己卯

坤造出生在大家庭，上有十個兄姊、自己排行老么，之前從事保險業，二十九歲生一女，因年月干乙庚合化金，工作婚姻皆順，之後從事傳銷事業。乙庚合猶天

風姤卦，人際關係佳，四十六歲即累積上億家產；之後便自己出來開傳銷公司，也在大陸開美容連鎖店，因日時干透「丙戌」乃火山旅卦之象，故事業體拓展至印尼海外，並開立醫美診所。

日時地支午戌半合火局，飛來飛去雖然也挺辛苦的，唯月支酉後見戌，仍然是成果豐碩。今壬寅年六十三歲，構成寅午戌三合，事業又更上一層樓，但此合損午火，要防範身體及意外。

丙辛：威制之合、化水（非禮弗履）

丙為太陽、辛為月亮，兩者象徵天地養物，但此合化水須逢春夏方有養物之功，若溫度不足，就只會形成密雲不雨的現象。䷥火澤睽卦就在敘述丙辛合化水的情節。

上九爻曰：「**睽孤，見豕負塗，載鬼一車；先張之弧，後說之弧；匪寇婚媾，往遇雨則吉。**」睽義為乖違，即丙火本以育物為志，運行至北方時則喪本願，故睽字陰邊目為火，卻被陽邊癸水剋制了，而形成了乖違的現象。**睽孤**：火本長生於春、帝旺於夏，運行至北方因喪其類而孤也。**載鬼一車**：丙火旺時幽物必然會退散，一旦丙辛合化亥子水，則因元氣盡散而見鬼也（此爻深含玄機，難以用文字表述，可參考教學影帶）。

坤造

年	甲子	二十癸酉
月	乙亥	三十壬申
日	辛未	四十辛未
時	丙申	五十庚午

日主與年月地支子亥構成地下三奇「辛壬癸」，又丙辛合化亥子水，乃「**載鬼一車**」象也。此人是華山草原分屍案的見證者。二〇一八年五月十九日高姓女子在Facebook上認識陳伯謙，並請教相關射箭學習事宜，於同月二十九日兩人首次見面。二〇一八年五月三十一日陳伯謙在野居草堂性侵酒醉的高姓女子，案發後將其勒斃並肢解成十三塊，還將左側乳頭及外陰部切下，試圖製成標本留念，最後用垃圾袋分裝成七袋，隔日清晨分批載運到陽明山國家公園內沿途丟棄。

高女往生後久久無法破案，後來找上了此造，懇求帶她回家。可能是因為此造的母親是婦女會的會長，而高女的媽媽也是分會長的緣故吧！後來經新北市賀聖宮玄天上帝慈悲幫高女重組軀體後，由此造母親陪同送她回家，當時她母親開二千五百CC的休旅車，一路上感覺油門很重，猜想是「**載鬼一車**」，且有諸多神佛陪同之故；沿路高女還一直指出回家的路徑。

此造柱限辛壬癸齊備，故全程由她翻譯（辛兌為口，亥子為言律、為幽靈）。返歸其家，高女跟其母說她很累、想先回房間休息一下，豈料不久後魂魄卻消失無蹤！於是急忙再請示賀聖宮，玄天上帝曰：魂魄已被黑白無常帶走了！因後事及屍塊都還沒有交待清楚，於是懇求玄天上帝慈悲成全，玄天上帝只好到地獄幫她請假一刻鐘，高女果真又回來交待後事，一刻鐘一到魂魄霎那間又不見了。之後屍塊就陸續找到了，離奇冤案也宣告終結。

丁壬：淫暱之合、化木（剛柔始交）

後天八卦乾宮地支為戌亥，戌藏丁火、亥藏壬水和甲木，丁是男性性器官、壬是女性性器官，故謂「淫暱之合」，但甲木卻也因此而化生！

水雷屯彖曰：「**屯，剛柔始交而難生，動乎險中，大亨貞。雷雨之動滿盈，天造草昧，宜建侯而不寧。**」**屯**義為草木始萌，**剛柔始交而難生**、陰陽由乾宮交媾後則始生震木（丁壬合化木）；坎為險難，丁壬合者易歷經死裡逃生的過程；**動乎險中**、逃離坎地險域才能顯見生機；丁壬合化木之象猶寒窗苦讀者，需藉科甲求取功名，因水木之象為拿筆沾墨，丁則是文章彰顯；**大亨貞**、震木根深蒂固才能恆擁大業、且生生不息；**宜建侯而不寧**、易經逢「寧」字皆指農曆七月之颱風景象；坎冬利震木紮根，至七月方可無懼颱風考驗（寅申沖應用）。

乾造

年	乙巳	二十乙酉
月	丁亥	三十甲申
日	壬辰	四十癸未
時	庚子	五十壬午

此造是命理界大師，浸濡五術數十載，聞名華人世界。若依傳統論述，壬水建祿於亥，又得時柱金水幫身，可謂身旺格。有日幸逢大師，於切磋中我說：「您用神是水」，他瞪大眼睛回我：遇命理界中高人無數，每每皆諫金水為忌，這還是第一次聽聞用神是水，何也？

日主壬水與月柱丁火合而不化，此過程會死裡逃生，他回曰兩歲差點死掉！因兩歲流年丁未年時，與日主構成丁壬合。壬寅年在新竹吳睿誌理事長府中上課，剛好在解釋天干五合時，大師才道出：目前走壬午大運，一交壬寅流年父親便往生了。

此造若以身強任財官為用，年支有巳財及月干透丁火，但少年時期卻一事無成。丁壬合而不化不適合從事有形事業，宜靠技術、智慧、言律謀財為策。目前進出海峽兩岸之間，年收入千萬以上。

壬辰日柱的人野心極大，抱持網魚的心態（因壬辰猶海中之水，癸酉是小池塘之水；丁壬合為釣魚形態）。年柱巳支至月干丁為火化進神（財），代表先天財旺，但須待身旺方能任財；月支亥至時支子為水化進神（比），行運至時柱，因構成水火既濟而能有一番成就。

戊癸：無情之合、化火（果行育德）

戊為高山、癸為天上雨霖。戊為火之精，因高山是由高溫所形成的，地球內部的放射性元素不斷蛻變並釋放出熱量，地球因各部所受到的熱度不一，故使其表面凹凸不一。地球下的岩漿比地球表面的溫度高得多，所以地殼就像鋼板一樣，被擠壓得凸起來而形成山脈。

䷃山水蒙彖曰：「**蒙，山下有險，險而止；蒙，蒙亨，以亨行時中也；匪我求童蒙，童蒙求我，志應也；初筮告，以剛中也，再三瀆，瀆則不告，瀆蒙也；蒙以養正，聖功也。**」蒙為覆蓋、遮掩，蒙字陽邊為「艸」，即「**天造草昧**」，陰邊為「豕」主亥水，象為頭部天靈蓋被草木毛髮掩覆而智慧不開；**山下有險**、象為戊癸合而不化，土剋水含求知之象，因土主思、水為智慧，乃思後生智之象也；亦猶艮坎皆屬嚴冬，又山大水小致使坎水難暢其流；**險而止**、坎智不足方受山阻，因而十年寒窗苦讀；**蒙亨**、即戊癸合化火而能「**山下出泉**」，也像學成後步入社會，善用所學造福人群，但也因結束同窗情緣而謂「無情之合」。

癸亦主陰煞，欲夬除陰煞當擇火旺日課，方能透由戊將癸轉化成火而煙消霧散。癸水為病毒，癸未年SARS肆虐，於戊午月、戊癸合化火而終告結束。

坤造

年　壬子　二一丁未

月　庚戌　三一丙午

日　癸酉　四一乙巳

時　戊午　五一甲辰

本造日主癸水與時柱戊午本可合化火，但滿盤金水卻來阻礙合化。此造的母親因倒會從南部躲避到中部定居，從此家道中落。此人在夜市擺攤，靠賺取微薄收入支應家庭開銷，所以一直都沒有姻緣。

若依強弱格局論，此造身強可任財，大運又一路走財運，事實上卻沒有過一個好運！觀戌至酉乃太過成熟的果實剎落之象，癸酉為唸誦佛經，但戊癸合乃無情之合；我說：妳前世是一位尼姑，因動情而再入紅塵！她霎那間目瞪口呆，回說自己曾去催眠，夢境也見到那幅景象。

最糟糕的事是她家人幾乎全部都卡陰，因為陽宅有弊端。最嚴重的是她弟妹，二妹已至語無倫次、神識不清之狀態；於是我拿出創作的八卦制煞法寶讓她帶回去，希望有助於她。或許每個人都帶著前世因果，因此非命理能全盤掌握，故不宜沉迷術法，宜「**夕惕、若厲，无咎。**」認真修省方為良方。

第三章 河圖洛書

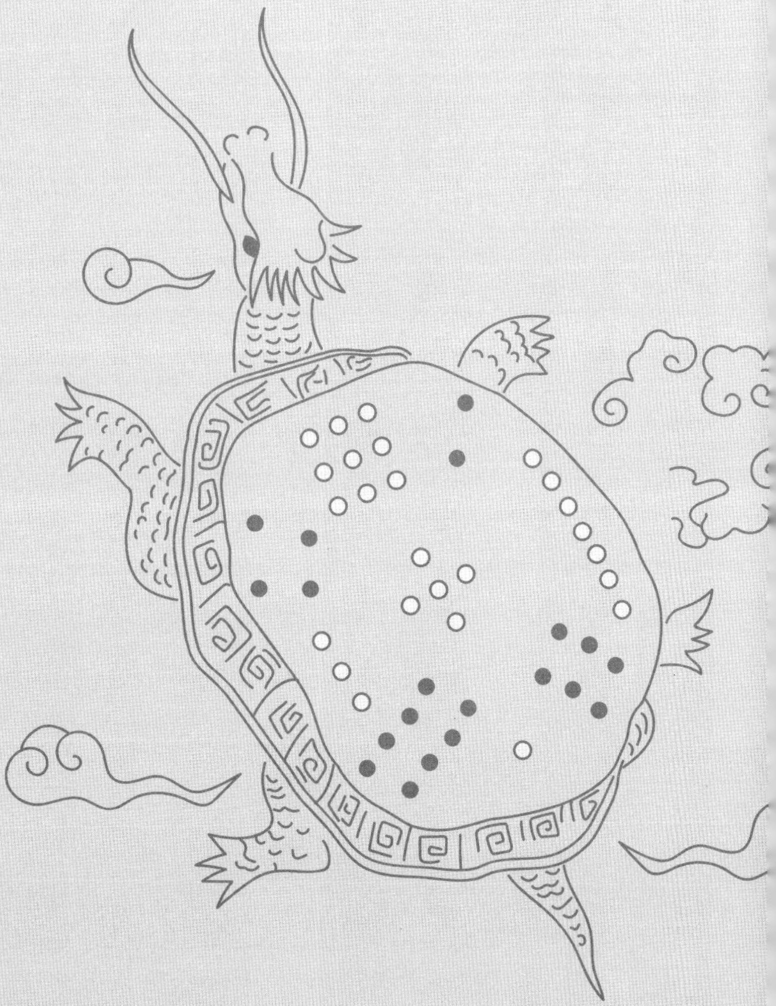

《易繫辭上》曰：「**河出圖，洛出書，聖人則之。**」上古伏羲氏時期，洛陽東北孟津縣境內的黃河中浮出龍馬，背負「河圖」獻給伏羲，伏羲依此演成先天八卦，成為《周易》源頭；又相傳洛陽西洛寧縣洛河中浮出神龜，背馱「洛書」獻給大禹，大禹依此治水成功，遂劃天下為九州。再依此定九章大法治理國家，流傳下來之後收入《尚書》中，名稱《洪範》。

河圖契合天地之象，並以十為圓周數，再合五方、五行、陰陽。圖示中以白圈為陽、為天、為奇數；黑點為陰、為地、為偶數，並以天地合五方，以陰陽合五行，所以圖示結構分布為：一與六共宗居北方，因天一生水，地六成之；二與七同道居南方，因地二生火，天七成之；三與八為朋居東方，因天三生木，地八成之；四與九為友居西方，因地四生金，天九成之；五與十同途居中央，因天五生土，地十成之。

河圖亦是根據五星出沒時節而繪成。五星於古稱五緯，指天上五顆行星，即木曰歲星、火曰熒惑星、土曰鎮星、金曰太白星、水曰辰星。五行運行以二十八星宿為劃區，由於它的軌道距日道不遠，所以古人也用以紀日。

河圖

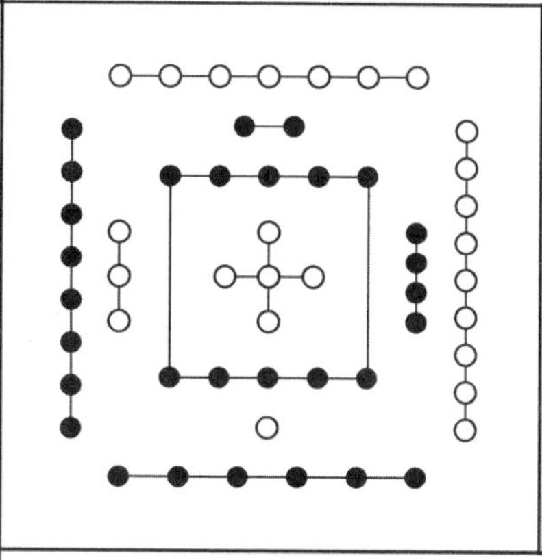

天一生水 地六成之；地二生火 天七成之
天三生木 地八成之；地四生金 天九成之
天五生土 地十成之

洛書

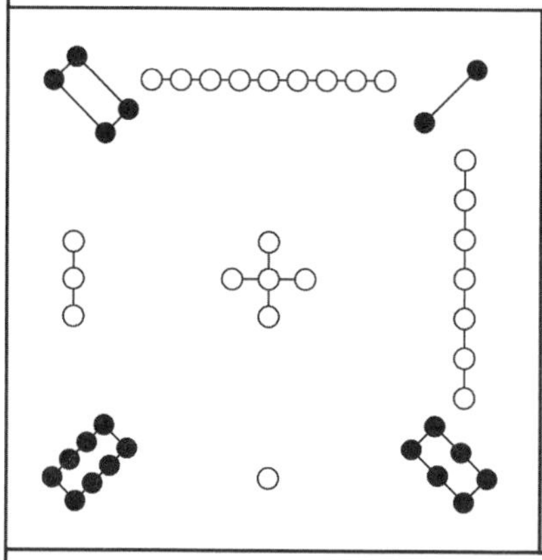

坎一 坤二 震三 巽四
中五 乾六 兌七 艮八 離九

先天八卦

易翼云 天地定位、山澤通氣、
雷風相薄、水火不相射、八卦相錯

後天八卦

易
帝出乎震、齊乎巽、相見乎離、
致役乎坤、說言乎兌、
戰乎乾、勞乎坎、成言乎艮

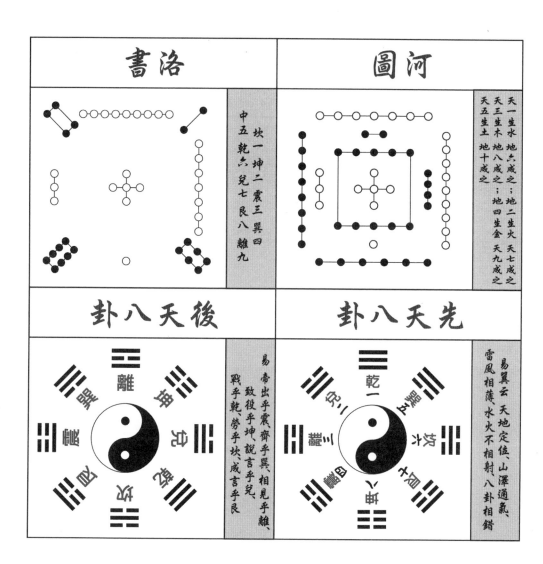

第一節　五行形成概論

一：一與六共宗居北方，因天一生水，地六成之：一數猶太極尚未劃分陰陽而混沌不明。形成五行的主要因素是水，因地球尚未形成土地時的原始初貌皆是水，所以當今高山依舊能見到海洋中的生物遺跡。

共宗水指居後天八卦北方的「壬子癸」，故「天一生水」的一是生數，即地支「子水」，象徵此階段地球的初貌皆水，而且是鹹水；「地六成之」，六是成數，指天干「癸水」，癸是經太陽照射海洋後，蒸發至天上的雨水，因此癸水已變成「淡水」，可以育養萬物了。「壬水」屬陽，即川流不息的河水，當雨水（癸）從天而降後會落到河川再注入海洋，所以「壬子癸」就在表述水循環過程，也是「六道輪迴」的樞紐。

子曰：「**知至至之，知終終之。**」其義為人生要有正確的目標，積極往行就有機會圓滿達成；就像癸水經太陽蒸發成雨霖後，則可育養萬物，完成使命後又隨壬水流歸北方子域而功德圓滿。但應用時癸水為陰煞，因其源來自大海；人往生後會殘留水分再流歸海洋，從人體與海水都是鹹的即可證實，所以命盤中見癸水者易犯煞，這是執行因果的現象，乃因水含記憶之故。

先天八卦中的「坎」與後天八卦中的「兌」同宮，坎兌皆為月，旨在闡述潮汐現象，簡單的說，也是在傳遞鬼神的訊息。兌卦的干支是辛、酉，象義為澤，也可將其視為屋宅，故命盤中並見「辛、壬、癸」者，古著謂「地下三奇」，但古人不知是不明因由或為了美化言詞而謂「三奇貴人」，依實象言是為「外靈入侵」；即「辛金」為主體，子水見酉金為坎兌同宮，主本靈或地基主；「癸」為無根之水，又並見「壬水」，而成「外靈入侵」，因癸之雨水會彙聚於壬水河川，再流入兌澤之中。

二：二與七同道火居南方，因地二生火，天七成之：二數是由一而來，此際已由太極劃分陰陽兩儀。其中二是指「丁火」，其色澤為黑白，即後天八卦兌宮為混沌時期（丁火長生在酉），兌的地支是酉，生肖屬雞，故謂混沌狀似雞蛋。兌宮後是西北乾宮，天地由此始分陰陽，此過程謂「**太極生兩儀**」。

七是「丙火」，含紅橙黃綠藍靛紫多種色彩。丙火長生在寅，即太陽已由地平面始昇，此際可看到世間種種景象，萬物也始坼將萌，故「地七成之」猶大有卦上九爻曰：「**自天祐之，吉无不利**。」指能獲豐碩果實、乃承天之能量所賜。

後天八卦中分布「乾兌」金、「離」火、「震巽」木、「坎」水、「艮坤」土，其中各卦皆含陰陽五行屬性，唯獨坎離兩卦沒有劃分陰陽。後天八卦中的「離坎」為先天八卦的「乾坤」，乃象徵天地無私，猶乾卦象曰：「**天行健；君子以自彊不息**。」象徵天道運行不已的巡守地道子民和明察善惡；坤卦則曰：「**地勢坤；君子以厚德載物**。」指地球不論尊卑的承載萬物。

其實坎離兩卦並非沒有陰陽屬性，而是雌雄同體，即天地是由子午劃分陰陽，但後天的應用亦可由卯酉劃分；以氣而言，坎由子支運行至午支時為陽，故地雷復辭曰：「**復亨，出入无疾，朋來无咎；反復其道，七日來復，利有攸往**。」**復亨**、指陽氣將重返大地；**朋來无咎**、朋謂三八為朋木，陽氣來臨時利萬物成長，所以移植樹木皆會擇冬至之後；**反復其道**、指太陽晝夜周而復始的循環不已；**七日來復**、凡易云「七數」皆指「子午」兩支，即從子運行至午為陽，因此氣會貫於東方寅卯域，故以離卦而言，太陽運行至此為陽（丙火長生）；從午運行至子為陰，此氣會貫往西方酉域，故離卦、太陽運行至此則屬陰（丁火長生）。

三：三八為朋木，三為生數、猶樹木的種核，即甲木長生在亥，而亥支暗藏壬甲，象徵萬物由此始萌，即易經水雷屯卦之義；八是成數、樹木已經茂盛開枝展葉了。三與八為朋居東方，因天三生木，地八成之：一是太極、二是陰陽，陰陽和合則可化三而生萬物。

子曰：「**顯諸仁，藏諸用**」，此義富含的玄機非常廣（也包涵「納甲」、即藉月相以明瞭神鬼情狀），因木主仁、亦為人之稱謂，指若能仔細觀察樹木的生長情狀，則知五行榮枯，天機亦可顯露無遺（倘若命盤中不見水，但木卻呈現化進神、生態良好之現象，必定不缺水，此乃強弱格局無法論斷的）。後天八卦東方為「甲卯乙」，其中甲數是三、為生數，乙數是八、為成數，因甲木為幹，乙木為茂盛的枝葉。

我們可以仔細的去觀察樹幹分枝狀態，即由主幹分枝後，大致都會分成三叉，再各自萌葉而茂，其中含有很大的玄機。我們用䷱火風鼎卦來作詳細的解釋，象曰：「**木上有火，鼎；君子以正位凝命。**」木上有火、可解釋為香品，即於香竹上燃點祭祀鬼神；**鼎**、香爐，亦通頂替；**正位凝命**、用旁系來續承直系。

離卦與震卦先後天八卦同宮，象為主器者必用長男，故一般禮俗，長子不可過繼。鼎卦是離卦配巽卦，乃因自古就有戰亂，若因少小從戎戰死沙場，萬一震幹亡故，則需借巽枝來頂替香火。

甲（震）為主幹、為宗源，乙木（巽）為分枝旁系，即堂兄弟或是移花接木來頂替香火的，故命盤中年月並見甲乙木，又逢木受傷，則是雙姓祖先或長輩之兄弟姊妹有夭亡者；如甲乙見亥支，此象為乙木死於亥，甲木卻由此長生，則是夭亡者要求頂替香火；逢此現象後輩命運必定蹇阻難暢，宜寫過繼書頂替香火即可化解。

四：四九為友金，天地形成始於西方，天澤履卦初九爻曰：「**素履，往无咎**」，**素**、為無色、無物，指人出生到人間時是一絲不掛的；山火賁卦上九爻曰「**白賁，无咎**」，指返歸時不宜沾染人間色彩；庚長生在巳，風於此域開始形成，萬物逐漸茂盛。辰巽巳宮位中辰支暗藏的乙木與庚金作合，象徵乙木和巳火行光和作用以及和風的傳播而茂盛。

四與九為友皆源於西方，因地四生金，天九成之：四數是五行中的「庚金」，庚金的自然現象是氣流，而氣流是太陽驅動的。當太陽持續照射海洋時，海水就會因受熱而蒸發成氣流，氣流便會形成潮浪往南北極推移，且因南北極極寒之故而結成冰山。海洋的水位便逐漸降低，於是浮出陸地。故「**一六共宗水**」係指水是所有五行的源頭；再來就是「**二七同道火**」，指五行的形成是太陽驅動的；「**三八為朋木**」，水火有育養之功，於是草木茂盛；「**四九為友金**」，金為氣體，為大地注入源源不絕的能量，以致春耕、秋收，故說卦傳謂乾金為「**木果**」；「**五十同途土**」，土地有了草木、動物，可賦與地球綠意盎然的生態而能近乎圓滿。

九數是五行中的辛金，自古以來常將庚金類化為刀劍、辛金為珠寶之類，雖然亦有其象，但卻離自然景象遠矣！庚金長生在巳，乃因氣流是太陽的溫度所驅動的，但氣流會追隨太陽由東往西移動，故天火同人卦的五行為「丙庚」，兩者謂為「同人」，因這兩股氣皆以育養萬物為志，故謂「**兩人同心，其利斷金**」。但是，太陽必然會西下，當太陽落入地平面後，庚金氣流會受西北戌山阻擋，後則轉變成辛金雲霧，故戌土人元為「戊、辛、丁」，其中戊是高山、辛是雲霧、丁是丙火太陽的餘溫；而「丁辛」亦互為「同人」，乃掌管陰面事物、亦謂氣或磁場，即子曰：「**遊魂為變**」，謂無形界的事物。「丙庚」則掌管陽面之事，即質或看得到的事物，即子曰：「**精氣為物**」，謂有形界的事物。

太陽本循環健行不已，故離卦象曰：「**明兩作，離；大人以繼明照于四方。**」象如日落後翌日又會再昇起，此際的雲霧也會化成雨露再流入河中，得太陽溫度後又形成氣流，此現象謂「**山澤通氣**」，會為大地注入蓬勃循環的生氣。我們知道氣流是海水被蒸發所形成的，所以氣流會夾帶水分，因為水分有重量，所以飄浮至天空形成雲霧後，則又化成雨水還諸大地，故謂「**金能生水**」。

五：五十同途土，戊土為五、為生數，象徵原始的高山和丘陵；十為坤土、為成數，其象為高山丘陵逐漸被開發成平地，且已利於種植和居住。

艮坤土相重則成䷖山地剝卦，象曰：「**山附於地，剝；上以厚下安宅。**」卦義要以艮山為後靠，面向坤方。艮坤土為高山和平地，地勢的高低落差會形成氣流。艮方易形成鬼風，故做靠以阻風，讓坤方西南之氣對流，方可興財旺丁。

土居中央，因天五生土，地十成之。五數是五行中的「戊土」，十數是「己土」。戊土是高山丘陵，己土則是平原。地球的初始原貌是高山和高高低低的丘陵，之後才慢慢被開墾成平地。故「天五生土」是生數、主戊土，「地十成之」是成數、主己土。所以「生數」皆謂初始之貌，「成數」則是日新其德後所形成的文明狀況；**山附於地**、指高山的土逐漸剝落而變成平地；**上以厚下安宅**、將高低不平的山丘夷為平地後，就可以築屋而居了。

戊土主艮卦、為止、為手，而手指數為五，我們想阻止外力攻擊時，不由自主的就會伸手張開五指。一手有五指，雙手合掌則變成十指，故佛禮頂禮時就會合十，即意求圓滿。

第二節　五行形成後的互動關係

老子曰：「**道生一、一生二、二生三、三生萬物。**」此意讓我們知道，無極是宇宙混沌時的稱謂；太極生兩儀，就是天地陰陽兩氣交媾；兩儀生四象，即太陽運行所產生之四季，春夏秋冬並沒有吉凶，應用時它為「空間」；四象生八卦，八卦代表時序與方位。當陽氣施予大地時，各域會因氣候與地形之異而產生變化。故

「空間」加上「時間」，就會形成五行之生剋現象，於是吉凶顯矣。

八卦分先天卦與後天卦，先天八卦是伏羲所創，其排列為天地定位，主要顯示各域地形物貌。先天卦序為：乾一、兌二、離三、震四、巽五、坎六、艮七、坤八。後天八卦是周文王所作，早期將五行應用在文王卦中，又稱為五行易，此學術雖能料準一切事物，但文王後期深感術數無法感召人心，因而著作《周易》，並將五行融入其中，且將五行哲理化地闡述至淋漓盡致。五行為何物實難以言表，因而易經論說用八卦匹配五行，用以解釋時間、方位、六親和種種事物之應用，更能精準預測出一切事物的現象，使後世子民能廣泛的應用在生活中，以達趨吉避凶的作用以及行為準則的依據，因而孔子研易感言：「**百姓日用而不知，故君子之道鮮矣！**」

說卦傳云：「**天地定位，山澤通氣，雷風相薄，水火不相射。**」

「**天地定位**」先天八卦是上乾下坤相重而成，此中道理乃仰觀天文、俯察地理而能擬訂尊卑，並依此理劃分了君臣、父子、夫婦、兄弟、朋友的遵循禮法。

「山澤通氣」自然現象中，山位高處、澤水位於低處，那要如何通氣呢？山指先天八卦的艮宮、居西北方；西北的對宮是東南、屬兌卦。而後天東南宮位為辰巽巳，巳是太陽，當太陽照射水面時，辰庫的水會因受熱而逐漸被蒸發成氣流（庚金），且夾帶著水分往高山移動；當東南氣流被西北高山阻擋後則會變成雲霧（辛金），翌日雲霧逢溫度又化水流入澤中，這種循環會為大地注入一股巨大的力量，使萬物蓬勃而長。

五行九旋天地間

六時不忒萬物綿

「雷風相薄」四季打雷所象徵的意義不同，但雷風大致會出現在春夏，當打雷閃電時，積雲層中的正負電荷接觸會產生電位差，並釋放出萬伏特嘎響雷聲，再加上閃電火花，就把氧氣激發成臭氧，瀰漫在空間中的臭氣能使空氣清新、並可甦奮萬物。

「水火不相射」水火既濟卦辭曰：「**初吉，終亂**」，火水未濟卦彖曰：「**不續終也**」，這兩卦皆在敘述水火情性。黎明或春夏間太陽炎上、雨水潤下，可形成水火既濟之功；但是一到黃昏或秋冬日落地平面後，便會因未濟而不續終也。

第三節　十天干與六十甲子

將十天干和十二地支相重後則構成「六十甲子」，即甲子、乙丑、丙寅……至癸亥。干支後來也被廣泛的應用在「山、醫、命、卜、相」中，後世亦做為各類的生活作息依據。十二地支是將木星軌道分成十二個部分，並記為子、丑、寅、卯、辰、巳、午、未、申、酉、戌、亥。木星的公轉周期大約為十二年，所以中國古代用木星來紀年，又稱為「歲星」。但天干有十個，地支有十二個，相重後會剩二個地支，八字學稱為「空亡」。

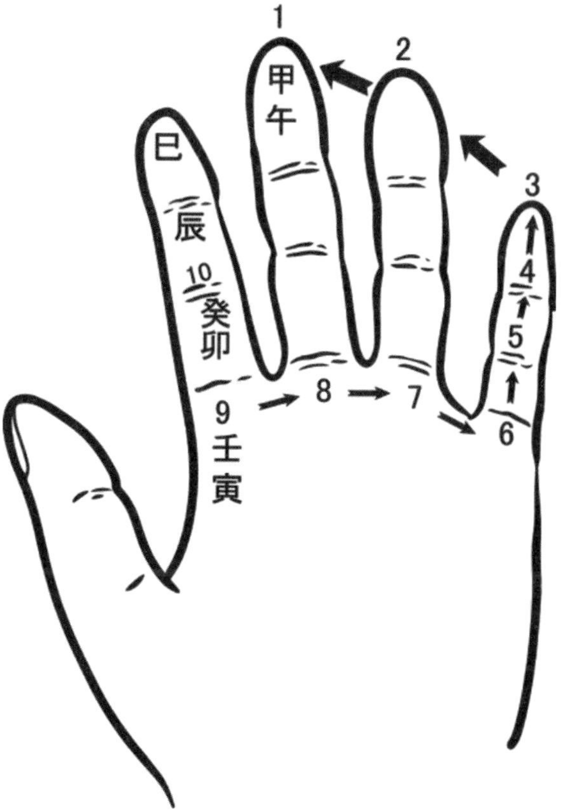

六旬首及空亡掌推

十天干： 甲、乙、丙、丁、戊、己、庚、辛、壬、癸。

代表數： 一、二、三、四、五、六、七、八、九、十。

以壬寅為例求旬首：

壬代表數為九，點寅支唸九，逆數至一為午支，得甲午旬首。

以壬寅為例求空亡：

承上例數至甲午，其後辰、巳無天干可配，則謂之空亡。當今五術應用「空亡」最正統的理論應該屬文王卦，其餘的學術可能是東拼西湊用以彌補學理不足的添加物。八字學對「空亡」亦有諸多論述（筆者認為參考就好），但大致哪柱逢空亡，該柱的六親會緣薄或聚少離多，其餘並沒有明顯的吉凶。命盤中的忌神或與日主鄰之柱為同旬者，其凶象會降低，逢空亡則會增強。例巳要躍過辰方可无咎，但丙申逢丁酉或己巳逢戊辰因為是同旬，所以可逢凶化吉，這是旬空的重要應用。

起空亡也可用年柱對照，但這是先天現象，若以日主推算，則是後天行為所造成的。空亡論述甚多，例有：「**四大空亡、截路空亡、六甲空亡**」，亦有：「**木空則折、火空則發、土空則陷、金空則響、水空則流**」。有人認為空亡逢沖即可以解空，也有人認為空亡逢沖不但無法解空，反會增加凶兆。倘若真的要論空亡，筆者認為空亡干支旺相或得節令之氣生扶，則可發揮該支之喜忌作用；若該五行之氣衰絕，則會喪失作用，猶人老而力不從心一般。

空亡以日柱為主時，即甲子日主之年、月、時的地支逢「戌亥」則為空亡；辛亥日見「寅卯」則為空亡。也有人將空亡契於四柱，即：

一：年柱主先天宮位，也代表祖上宮位，若逢空亡，五行狀況又為忌神，主祖上香火、風水容易出問題。年柱主十六歲以前之命運，所以幼少年時期狀況不佳、辛苦難免，須靠自己白手起家。

二：月柱為父母宮，若逢空亡，父母緣薄、兄弟無助，若五行又為忌神，易有別離喪亡或六親不睦之現象。月柱主十六至三十歲之青年運，若逢空亡，此段期間恐多叛逆或受父母、兄弟姊妹破敗之牽累。

三：日柱為夫妻宮，若逢空亡，夫妻容易因意見分歧而婚姻不順，或者離異、再婚，甚則配偶喪亡。日柱主三十一至四十五歲之中年運，此段期間，本人或家庭、夫妻等恐多困厄、阻逆或逢災劫。

四：時柱為子女宮，若逢空亡則子女稀少或易夭殘，生女兒的機率較高，且子女不親、難享天倫之樂。時柱主四十六至六十歲以後的晚年運，晚年較易陷於孤獨、貧寒、困逆之境地。

自古以來自立為王、佔山為據的觀念本來就屢見不鮮，致使門派林立、百家爭鳴。以正面的觀點來看，可以增廣見聞，但凡事皆福禍相倚，所以其負面結果則是混淆視聽。因此，讀者必須建立正確的信念和牢固的理論基礎，才不致因道聽塗說而終身隨之搖擺。

俗云：「仙人打鼓有時錯，腳步踏差誰人無。」坊間諸多前輩對古籍倒背如流，且常以先賢命造為範例，試問近代人的八字時辰就有很多是模稜兩可，況乎千年前？再說，論述的答案準確與否永遠都死無對證，這樣容易流於一方說詞，經年累月以此作為理論，一旦理論有誤，恐怕一輩子都難以自拔，且易淪於自圓其說的想法之中。我最常見的現象是：很多人在論命時常因深信祕訣或古籍，與人論命時不吻合現象卻還能滔滔不絕、大言不慚，而最可悲的是當事人還被唬得唯唯諾諾。

學習命理最佳求證的方法是取周遭熟悉之人的八字來論述，學理對否即可當下立判、一翻兩瞪眼，如此方能及時調整錯誤的理論，再宥古籍者，容易永遠沉墜在叢林深淵。所以我上課時常口提面命的提醒學生，只要是我強調過的理論，論錯了絕對是我的錯，並非你們格局判斷錯誤。

六十甲子及空亡表

	1	2	3	4	5	6	7	8	9	10	空亡
1	甲子	乙丑	丙寅	丁卯	戊辰	己巳	庚午	辛未	壬申	癸酉	戌亥
2	甲戌	乙亥	丙子	丁丑	戊寅	己卯	庚辰	辛巳	壬午	癸未	申酉
3	甲申	乙酉	丙戌	丁亥	戊子	己丑	庚寅	辛卯	壬辰	癸巳	午未
4	甲午	乙未	丙申	丁酉	戊戌	己亥	庚子	辛丑	壬寅	癸卯	辰巳
5	甲辰	乙巳	丙午	丁未	戊申	己酉	庚戌	辛亥	壬子	癸丑	寅卯
6	甲寅	乙卯	丙辰	丁巳	戊午	己未	庚申	辛酉	壬戌	癸亥	子丑

第四節　空亡應用

空亡論述本出自易經䷶雷火豐卦中之初九，「**遇其配主，雖旬无咎，往有尚。**」雖旬无咎即為「旬空」。下卦是離、五行屬火、也指太陽，三四五爻互兌卦、五行屬金、也指月亮；丙見辛為正配，猶夫妻緣至，故曰「**遇其配主**」。旬的概念來自月亮的運行，我們從地球上看到的月面變化會產生圓缺的周期性。陰曆的曆法是依據月球規律，與周而復始的月相變化所制訂的，因古人稱月球為「太陰」，也稱它為「太陰曆」。

一個朔望月約為二十九點五天，每月的陰曆長短不一，大月三十天、小月二十九天，如果初一是朔，望則為十五、十六；初七、八是上弦月，下弦月則在二十二、二十三。正因月相有這樣的規律，所以我們很容易就可以根據月相的圓缺狀況，來判斷當時的農曆日期。月亮周期變化從「望」到下次的「望」，或是從「朔」到下次的「朔」，則定義為一個月的時間、大約為三十天，所以一個月有三旬，一旬為十天。

月亮有「朔望」，它對地球會構成磁場、引力，也會影響情緒和女性的天癸（一般水火不調時，會左右天癸的周期，火過旺時則早至，水太旺則晚到）。「**雖旬无咎**」是來自於「**遇其配主**」，因太陽、月亮，即丙辛合現象，我們可以比喻為夫婦結婚後所生的小孩，所以在這旬當中必然可「**往有尚**」、暢行無阻，故象曰：「**雖旬无咎，過旬災也**。」這裡指的「**過旬災也**」就是空亡，因已不同旬、故不親。

再者，天干代表事物的表象，地支代表時間、方位跟季節。辭曰「**遇其配主**」指被天干重到的地支，而且必定在同旬之中；「**雖旬无咎**」，用「雖」之字意，指同旬中的每組干支或多或少皆會呈現需要突破的難關跟課題，但終能克服、逢凶化吉！「**往有尚**」既然已經知道有什麼關卡跟難題，就一定找得到因應的方法來面對。「**過旬災也**」指沒有被天干重到的地支必然貴人不顯，必須獨自面對一切困難和挑戰。

當今常用《奇門遁甲學》來指引貴人方向之類，但清朝紀曉嵐對奇門遁甲的看法是：「**奇門遁甲一類之書，各處皆有，不過都不是真傳，真傳不過口訣數**

語，並沒用文字編成書籍流傳。」所以流傳於坊間者皆東拼西湊而成。辛丑年來自祖師爺給的靈感，原來術法如此簡單，果真數句口訣罷了！我們瞭解旬空的道理後，則知同旬則親而「**往有尚**」，所以，假設甲寅柱出現窘境時，可以找出該旬的喜用神方向，則易解憂，例：甲寅旬中含乙卯、丙辰、丁巳、戊午、己未、庚申、辛酉、壬戌、癸亥，倘若用神為丙火，則可往東南方尋找；用神是水，則可往西北方，如此就能趨吉避凶、逢凶化吉了。但也因月亮的運行會形成「晦、弦、朔、望」之月相及「旬空」，故西洋占星術視月亮為人的「情緒」與「過往記憶」。

唐朝命理學士李虛中是中國古代八字命理學的宗師，乃河南府洛陽縣人（今河南省洛陽市東），祖籍隴西郡狄道縣（今甘肅省定西市）。李虛中相傳為中國干支祿命法鼻祖，是將七政占星引介到八字算命學的關鍵人物，並以「年柱」立為日主元神；至北宋命理大師徐子平，其人精通陰陽五行，集八字命理之大成，且將元神改為「日柱」，並編纂《淵海子平》一書，時稱「子平術」而聞名，且流傳至今。

隨著時代變遷，任何事物都會「**品物流行**」，這是必然的現象。但難道以「年柱」定為日主元神就會算不準嗎？很多人會質疑，若以年柱定為元神，那麼甲子年出生的人，元神不是都一樣嗎？我們要換個角度去統計，如果以日柱天干定為元神，它的循環重覆率是十分之一；古代命學的正統名稱為「四柱八字學」，而單一柱就含括了六十甲子所以它的循環重覆率是六十分之一，試想何者比較精密？

所有的變革者一定都有自己的原由。筆者以數據統計後客觀分析歸納，可以將「年柱」定為先天、亦紫微斗數學理中的「身宮」；「日柱」則可視為後天、即紫微斗數學理中的「命宮」，如此就能完全契合先後天八卦之「**先天為體、後天為用。**」的體用概念了。

第五節　地支人元藏干

天干是「用」，為顯現的事物，命盤中的天干雖然是固定的，但此現象會因地支變異而改變，例：天干透甲木，表面上它永遠是甲木，但自己要融入時間和契於自然變化去演象，如一顆樹木會隨著四季變遷而改變樣貌，這樣就能像看圖說故事般的道出前因後果。

地支是「體」，為季節、地形、方位、時間、溫度、明暗。地支會產生刑沖剋害，兩個地支相臨時，也會產生化學變化而形成不同的氣，這些都足以改變天干的情狀，所以命盤是一幅動畫而非定格一成不變的，如此方能富戲劇性的將一生變化予以闡盡。

地支暗藏人元就好像一個人的內心世界，一旦有了念頭就會驅動行為而導致吉凶。如果將命盤當成一部電腦，天干就像硬體設備，地支是電路板，暗藏人元則是軟體驅動程式。

後天八卦中只有艮宮「丑寅」地支人元暗藏皆含天干五合，寅支藏「甲丙戊」、丑支藏「己辛癸」，即構成「甲己合、丙辛合、戊癸合」，因而艮宮為萬物終始輪迴的樞紐。西洋占星術亦取天干五合來劃分星座及宮位，因天干五合是契應天體行星交會時所形成的磁場，對地道萬物有極大的影響作用。

很多占星學者亦不究其理，因所有行星的會合都有其特定作用，並非一個吉課對所有的事物都是好的；陰陽之道是五行作用的最終目標，例甲己合化土，它對屬土行業或諸類事物的助益最大（餘合皆以此類堆）；我還研究一個獨特的祕笈：倘若見丁壬合者，可往東邊營謀，或擇有草木字根的區域、地名、姓名，例：竹、林、苗……；倘若用於陽宅可大致歸類如下：甲己合的人適合利用西北和東北方；乙庚合為西方；丙辛合為北方；丁壬合為東和東南方；戊癸合為南方，藉地形或人事物，皆有助於合而化之的功效。

子藏癸水在其中，丑中癸辛己土同；
寅藏甲木和丙戊，卯中乙木獨相逢；
辰藏戊土兼乙癸，巳中有丙生戊庚；
午藏丁火併己土，未中己土加乙丁；
申藏庚金戊壬行，酉中辛金獨豐隆；
戌藏戊土及丁辛，亥中壬水甲木存。

每一個地支人元都藏一至三個天干，地支的藏干較多者，雖然未必有吉凶，但心思必定比較複雜，因構成天干五合的機率相對較高。藏干中與地支相同的五行為本氣，力量最大，餘干則為中氣、餘氣。藏干當中含天干五合者則如正負電交接，所驅動的力量極大，也是無形的操控主宰者。

地支出現天干五合

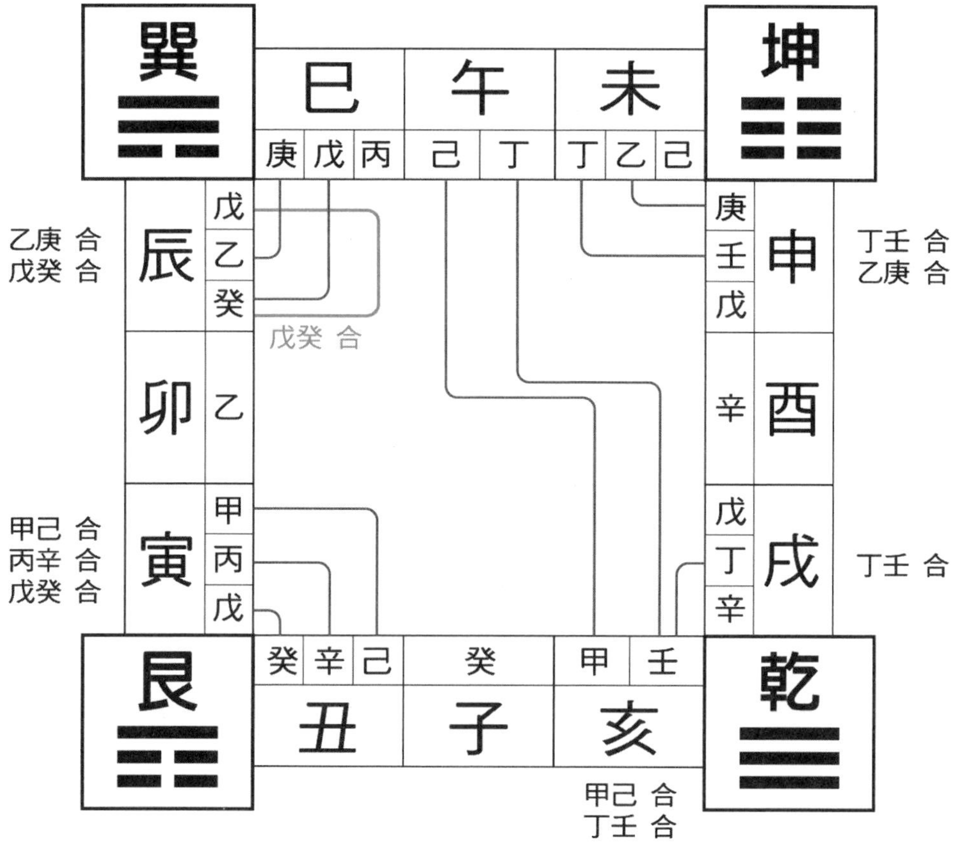
巽
巳
午
未
坤
庚 戊 丙
己 丁
丁 乙 己
乙庚 合
戊癸 合
辰
戊
乙
癸
戊癸 合
庚
壬
戊
申
丁壬 合
乙庚 合
卯
乙
辛
酉
甲己 合
丙辛 合
戊癸 合
寅
甲
丙
戊
戊
丁
辛
戌
丁壬 合
艮
癸 辛 己
癸
甲 壬
乾
丑
子
亥
甲己 合
丁壬 合

第四章

八卦納甲應用

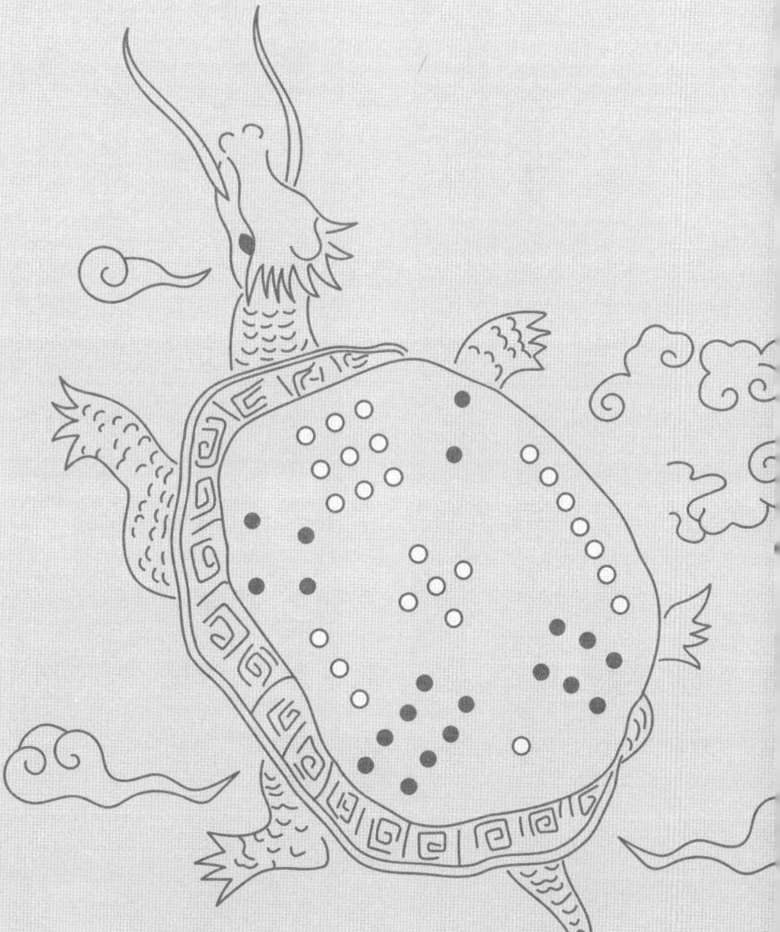

八卦納甲為：震納庚，兌納丁；乾納甲壬，巽納辛；艮納丙，坤納乙癸；坎納戊，離納己。易經六十四卦中有諸多卦都有提到納甲月相，用以闡明神鬼情狀。

風天小畜卦上九爻曰：「**既雨既處，尚德載，婦貞厲，月幾望，君子征凶。**」本卦大象成離，與下卦互成的兌卦，五行形成丙辛合化水，代表雨已經下過了，又要重返至初爻「**復自道**」的密雲處境了！**尚德載**：德指爻變成坎。春夏季節雨多，下雨後會漸漸步入秋冬，密雲之弊端將再展露。**婦貞厲**：上九居巽體之終，巽風又要綜成兌雲了，此際不能再留戀過往的成功事蹟了！**月既望**：從申至酉支謂「**月幾望**」，月相逐漸成望；酉後則為「**月既望**」，月亮已將由望轉虧。本卦上巽納辛為下弦月，應該是「**月既望**」才吻合天象。

雷澤歸妹卦六五爻曰：「**帝乙歸妹，其君之袂，不如其娣之袂良，月幾望，吉。**」

帝乙歸妹：帝乙姓子、名羨，是商朝第三十代皇帝。六五以陰居尊位，乃指帝王之妹，六五與九二相應，君王嫁妹象也！**其君之袂**：袂（音妹），衣袖；形容公主的才德勝於身上所穿的服飾。**不如其娣之袂良**：公主出嫁時穿的衣服還不如隨侍漂亮。**月幾望**：易理取月相代表婦德，其講究內在涵養重於外表亮麗，是婦德的最佳展現。六五居震體、納庚，月相即將趨圓，故六十四卦中只有這個卦是「**月幾望**」。

風澤中孚六四爻曰：「**月幾望，馬匹亡，无咎。**」上卦為巽，契於納甲為「巽納辛」，象示農曆十八至二十二日後之下弦月，此際月亮位於辛、將由圓轉缺，卦象為人已往生，契於月象必晦，故爻辭應該是「**月既望**」才對！太陽的四象為「春、夏、秋、冬」，而陽者無私，無論尊卑皆可普受其惠；月亮卻懷情緒，隱而不顯地驅動著有形之體於無形間，因此先賢制定「納甲」將月亮引力契於木、以明其狀（瞭解死者的想法）。

孔子對這些道理當然瞭然於胸，故曰：「**顯諸仁，藏諸用。**」木主仁，即納甲學理之用。**馬匹亡**：馬的地支是午火，火長生在寅、帝旺在午、墓庫在戌（墓為死亡）；酉為十五月圓，戌的地支已越過酉支，午火運行至戌則晦其明，故象契馬匹亡。古人觀天象皆取日落月出之戌時，方能洞曉陰陽情宜，足以證實此爻辭為「**月既望**」。

八卦納甲圖

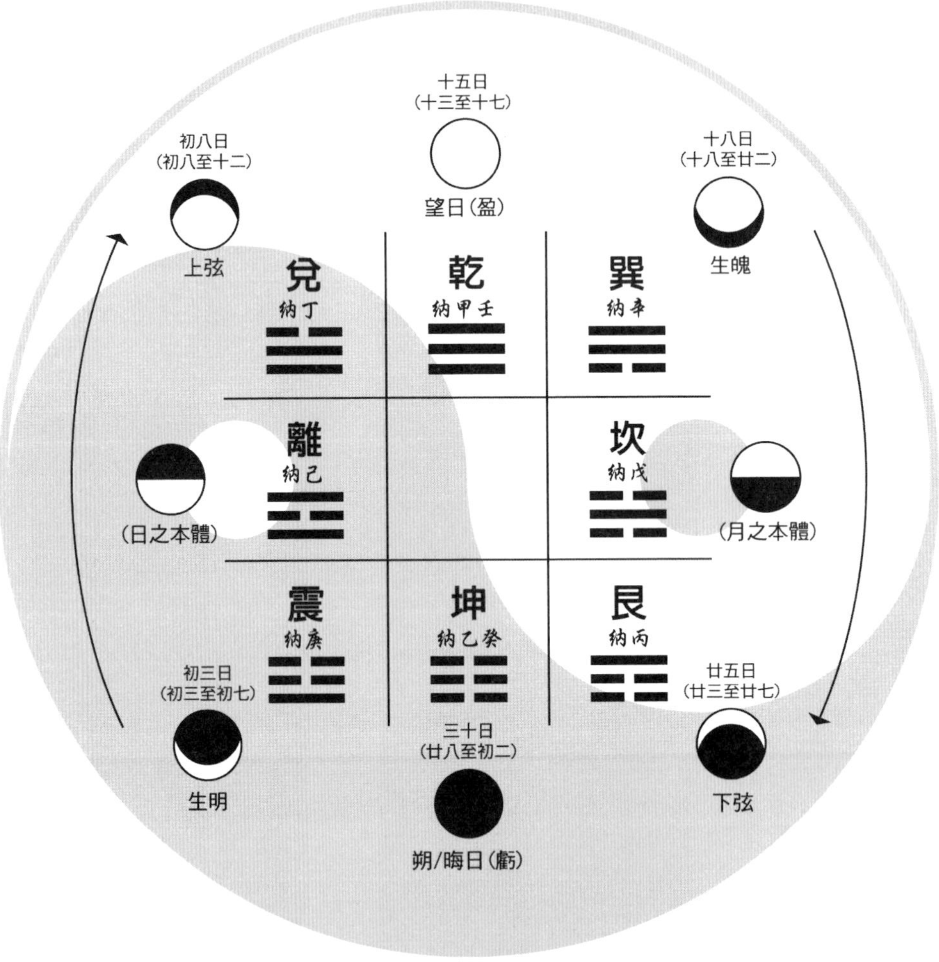
十五日
（十三至十七）
望日（盈）
初八日
（初八至十二）
上弦
十八日
（十八至廿二）
生魄
兌
納丁
乾
納甲壬
巽
納辛
離
納己
坎
納戊
（日之本體）
（月之本體）
震
納庚
坤
納乙癸
艮
納丙
初三日
（初三至初七）
生明
三十日
（廿八至初二）
朔/晦日（虧）
廿五日
（廿三至廿七）
下弦

月亮有「晦望弦朔」，農曆初一是朔日（也稱新月），此際月亮正好位於地球和太陽之間，能被太陽光照到的地方正好位於月亮的背面，加上它和太陽一同升降，因此地球看不見月亮。農曆每月十五是望日（又稱滿月），月影呈圓形狀，此刻月亮在空中運行到太陽的正對面，日月相距一百八十度，即地球位於太陽和月亮之間，從地球上看去，整個月光正面對著地球。

望朔猶太極中之陰陽，陰陽會致使萬物變化，《易繫辭上》曰：「**通變之謂事，陰陽不測之謂神。**」所以初一是朔日、為陰，十五是望日、為陽，是故初一、十五是鬼神穿梭人間的日子，因此，習俗中初一、十五都會祭祀鬼神。

地山謙卦彖曰：「**天道虧盈而益謙，地道變盈而流謙，鬼神害盈而福謙。**」**天道虧盈而益謙**：指太陽與月亮運行間所產生的盈虧現象。謙卦大象成坎、為德行，納甲中的月相正是這些無形磁場引力加諸於人身上的明德賞罰。命盤中見月既望之下弦月者，皆有祖上香火沒有妥善安置的問題，倘若不識其中玄機，試問：用強弱格局論法，何能「**解屯蹇之鑰，復泰壯之門**」？

第一節　天干易象類化

甲木：為木。為直。為開始。為首領。為方大。為樹林。為棟梁。為高樓。為驚恐。為路衝。為市集。為賣場。為電桿。為肢體。為肝膽。為經脈。為傢俱。為畀足（畀，音住）。為作足。為私慾。為固執。為桃花星。為親和力。為堅多心。為喜新厭舊。為自命清高。究其用也為動乎險中。為赦過宥罪。究其性也為直來直往。其于神稱也為李耳、道教之神。

乙木：為葉。為文。為謀。為眾。為觀。為隨。為曲。為手。為軍師。為園藝。為雕塑。為善變。為牆頭草。為整容。為手術。為歸妹。為搖曳。為分歧。為文書。為敏銳。為機車。為風神。為毛髮。為神經。為蓄鮮。為科上槁。究其性為其文炳也。其用為女之終也。為承虛筐无實。其于神稱也為孔明、文昌之類。

丙火：為火。為明。為日。為晉。為恆。為炳。為慶。為履。為焰。為勞碌。為顧家。為權貴。為熱情。為紅色。為大有。為亮麗。為發電。為名牌。為螢幕。為大廟。為公家機構。其于象也為揭曉。其于用也為畜牝牛吉。為往得疑疾。為知進不知退。其于神稱也為玉皇大帝。為紅臉之神。

丁火：為電。為心。為賁。為鼇（音熬）。為蟹。為蠃（音果）。為蚌。為龜。為燥。為星辰。為溫度。為乾卦。為小廟。為尖角。為三角。為昭柔。為幻想。為桃花星。為橘色。為槍砲。為小過。為督脈。其于人也為男人性器官。于用為賁飾招商。其于神廟為小廟。為三眼神明。其于神稱為關聖帝君。為福德正神。

戊土：為手，為山。為剎。為寒。為石。為門。為小徑。為門闕。為洞府。為閽寺。為陰陽。為思想。為偏孤。為修行。為孤寡。為偏激。為蘊藏。為障礙。為高物。為堤防。為來龍。為岸山。為壁刀。為石敢當。為反常也。為利禦寇。為玄學。為信用。為凹風。為眼高於頂。為佔山為王。為自立門派。為分身乏術。為自圓其說。其于地也為无平不陂。為十年不克征。為小來大往。為匪夷所思。其于神稱也為王爺之類。

己土：為黃。為謙。為平。為宅。為桌。為床。為平原。為收藏。為黃袍。為寬廣。為聚集。為大塗。為信用。為仁慈。為隨和。為包容。其于象也為天地交泰。為大來小往。為履道坦坦。為容民畜眾。究其用也為師或輿尸。為厚下安宅。為田獲三狐。為朋至斯孚。為有孚于小人。為利有攸往。為不寧方來。于神稱也為王母之類。為地藏王菩薩。為福德正神。

庚金：為圜。為行。為隅。為鐵。為風。為剛。為武將。為隨侍。為素履。為天意。為刀劍。為氣流。為等待。為傳播。為資訊。為教堂。為風煞。究其物為品物咸章。其于事也為无妄之災。于用也為同人于門。為風行天下。為將軍作戰。為內健而外順。其于神稱也為基督耶穌。為齊天大聖。

辛金：為雲。為口。為需。為睽。為損。為佛寺。為珠寶。為少女。為沉悶。為傳染。為血去惕出。為幽不明也。為果菜市場。于天象為月。其于氣候為陰天。為密雲不雨。于物也為成熟的果實。其于事也為魂魄。于神稱為釋迦牟尼佛。為觀世音菩薩。

壬水：為水。為通。為順。為師。為歷程。為經驗。為野心。為隱憂。為倒影。為拷貝。為盜印。為河川。為漲潮。為歷史。為傳承。為講師。為言律。為任脈。為貨車。其于用為潮汐。于性為外柔內剛。于人為女人性器官。其于神稱為水官大帝。為天上聖母。

癸水：為月。為雨。為語。為訟。為病毒。為散布。為誦經。為謠言。為結束。為退潮。為第六感。為美姿。為進口車。為水循環。為無根水。其于事物也為幽靈。其于神稱為王禪老祖。為清水祖師。

第二節　地支易象類化

子水：為鼠。為月。為始。為復。為靜。為剛。為涵。為阻。為陷。為言。為玄學。為迷信。為心病。為耳痛。為血卦。為亟心。為通道。其于人也為加憂。其于馬也為美脊。其于神稱為元始天尊。為太上老君。

丑土：為牛。為臨。為咸。為損。為困。為大畜。為中孚。為吝嗇。為牝牛。

為堅守。為重任。為終始。為終點。為小巷。為後靠。為玄武。為子母牛。于地也為寒冰地獄。其于玄也為酆都鬼城及鬼神進出門戶。其于神稱為地藏王菩薩。為王母娘娘。

寅木：為虎。為動。為足。為泰。為豫。為頤。為解。為漸。為松。為大塗。為長子。為驛馬。為玄黃。為堅多節。為死裡逃生。其于用也為開枝散葉。其于稼也為反生。究其性為健。為百果草木。其于神稱為張三豐。為道教之神。

卯木：為兔。為雷。為升。為竹。為草。為朋。為手。為柄。為枝。為萑葦。為流行。為大壯。為噬嗑。為既濟。為善鳴。為順以從上。為剛柔相摩。為不恆其德。其于性也體陰用陽。其于神稱為文昌帝君。為至聖先師。

辰土：為龍。為淵。為夬。為鼎。為節。為入。為陷。為舟。為水庫。為凹凸。為洞穴。為山谷。為冤枉。為多白眼。其于用也為守株待兔。為一網打盡。于地也為枉死城。其于神稱為水官大帝。為東獄大帝。為十殿轉輪王。

巳火：為蛇。為天。為日。為革。為益。為麗。為高。為旅。為木。為臭。為蟲。為同人。為長女。為進退。為不果。為繩直。為革新。為溫暖。為色彩。為影像。其于人也為寡髮、為多白眼。為近利市三倍。為動力來源。其于物也為長頸而善鳴。究其性也為躁。其于神稱為普賢菩薩。為雷都光耀大帝。

午火：為馬。為姤。為赤。為炎。為經。為中女。為交界。為磁場。為地熱。為牝馬。為勞碌。為中正。為科技。為積體電路。為桃花地。為明於內。其于神稱為關聖帝君。為南宮趙真君。

未土：為羊。為遯。為萃。為順。為地。為母。為布。為均。為囊。為履。為平原。為家人。為下裳。為黃帛。為大輿。其于地也為黑。于天也為黃。其于事也為造橋鋪路。其于人也為大腹。其于玄也為南天門及鬼神進出門戶。其于神稱為開漳聖王。為福德正神。

申金：為猴。為健。為否。為井。為釜。為木果。為甲胄。為寶劍。為戈兵。為備戰。為戰場。為颱風。為衝勁。為健行。為遠征。其于季節也為孟秋。為未成熟的果實。于玄也為西方極樂世界。其于神稱為無極老母。為基督耶穌。為彌勒尊佛。

酉金：為羊。為觀。為佛。為悅。為澤。為斂。為巫。為妾。為少女。為口舌。為毀折。為附決。為未濟。其于地也為剛鹵。其于秋也為成熟的果實。其于神稱為釋迦牟尼佛。為觀世音菩薩。為地藏王菩薩。

戌土：為狗。為止。為剎。為蹇。為崗。為墓。為小畜。為小過。為明夷。為玄黃。為堤防。為沙漠。為隅地。為祖山。為虎砂。為逼迫。其于地也為煉獄地獄。其于神稱為盤古聖祖。為五殿閻羅王。

亥水：為豬。為履。為坤。為水。為屯。為渙。為曳。為盜。為溝瀆。為川流。為矯輮。為弓輪。為隱伏。為種核。為下首。為反生。為堅持。為屯積。為鬼方。為負塗之豕。其于輿也為多眚。其于木也為堅多心。其于玄也為鬼魂等待投胎。其于用為渙王居无咎。其于神稱為清水祖師。

第三節　干支觀象應用

紫微斗數用「祿權科忌」四化表明命盤在四季流年中所產生的變化，八字學理則以「十干選用」釋義該干於每個月的喜忌用神；如此看來，斗數似乎更勝一籌，用四個天干即可闡明四季變化現象。但畢竟兩者之學問皆高深莫測，若不窮一生心血，恐難以窺曉其中奧妙。

萬事萬物莫不道法自然，澤火革卦九五曰：「**大人虎變，未占，有孚。**」其義為蛇與老虎至春夏時殼毛皆會蛻變，顯得鮮豔亮麗，這些現象勿須占卜即能知曉；這誥誡我們凡事只要契應四季自然景象，便能預測未來，因此將天干、地支契於四季，即可簡單明瞭道出所具變化。以下的觀象成語應用：第一句為春、第二句為夏、第三句為秋、第四句為冬，這些辭句猶如作文題目，讀者只要掌握好「體」，即可自由發揮應「用」，品悟之後就可獲青出於藍之功。

甲木篇

【甲】萬物始萌。枯楊生稊。震驚百里。告老還鄉。
【乙】小人纏身。爬我頭頂。枯楊生華。始亂終棄。
【丙】重現生機。金蟬脫殼。斷臂求生。近憂遠慮。
【丁】嶄露頭角。遇其配主。夕陽黃昏。指引歸途。
【戊】奇人異士。基業穩固。仙風道骨。松柏常青。
【己】找到知己。雷出地奮。防患未然。保住江山。
【庚】天降大任。身不由己。折其右肱。厚貌深情。
【辛】歸妹愆期。祖德蔭庇。果實纍纍。剃而待復。
【壬】來日方長。履越虎尾。返鄉探親。半喜半憂。
【癸】驪歌初唱。臨渴逢霖。唸咒鬼至。冬天老樹。

乙木篇

【甲】隨有求得。久非其位。人口凋零。棄我不顧。
【乙】良莠不齊。黃裳元吉。倖存果實。想有個家。

【丙】隨我前往。日中為市。百花齊放。完成任務。
【丁】專注所長。眼花繚亂。茫然若失。飛蛾撲火。
【戊】荒地難墾。歹竹好筍。山野枯草。幹父之蠱。
【己】開發市場。利市三倍。刲羊无血。巽在床下。
【庚】同謀共利。不續終也。振恆在上。風裡楊花。
【辛】捨近求遠。得天獨厚。一期收成。再接再厲。
【壬】大无功也。百思不解。渙王居吉。拜見嫡母。
【癸】赦過宥罪。富貴天成。陰煞纏身。幢幡引魂。

丙火篇

【甲】明目張膽。身心疲憊。否之匪人。孤注一擲。
【乙】藉用白茅。開花結果。其文炳也。不歸之途。
【丙】繼明四方。利見大人。日中則昃。飛躍重洋。
【丁】美不勝錄。龍戰于野。交換衛兵。日暮途窮。
【戊】翻越山嶺。神明供桌。飛鳥以凶。喪馬勿逐。

【己】見龍在田。施普大地。大人造也。韜光養晦。
【庚】同人往行。其利斷金。夫妻反目。作戰成功。
【辛】雲霧籠罩。化成雨露。日中見斗。遇其夷主。
【壬】水輔陽光。聲名遠播。暗中得利。高宗伐鬼。
【癸】降妖除魔。晴雨不定。神佛驅鬼。其血玄黃。

丁火篇

【甲】巧遇嫡母。遇其配主。蔭庇子孫。來章有慶。
【乙】專業輔導。見異思遷。齊人之福。不利攸往。
【丙】履錯敬之。不可大事。沽名釣譽。歹星入境。
【丁】闖禍損身。擦出火花。兩簋解悖。夜空星辰。
【戊】勞苦功高。火山爆發。舍爾靈龜。飛鳥遺音。
【己】宜下大吉。廣結善緣。值班守崗。地下組織。
【庚】停止前進。損上益下。進一退三。謀略有成。
【辛】祖待供奉。妻妾成群。回歸本業。群星伴月。

【壬】震伐鬼方。作樂崇德。培育後代。棄武從文。
【癸】巧言令色。不訟貞吉。食舊德也。笑後號咷。

戊土篇

【甲】山上有雷。王用出征。有仙則靈。養正則吉。
【乙】勤儉自持。女歸吉也。愚公移山。跌落懸崖。
【丙】暖我身軀。旅途疲憊。森林火災。夕陽餘暉。
【丁】貪得無厭。半壁吊燈。文明於內。賁飾行銷。
【戊】頤養待機。內部風波。兩山一水。繞道而行。
【己】開陽化面。厚下安宅。買地蓋房。十年勿用。
【庚】天斬型煞。壁刀風煞。凹風灌耳。夢幻泡影。
【辛】不可久留。高空雲層。雲棲山腰。高山孤月。
【壬】古井重波。臨渴掘井。緩兵之計。財來財去。
【癸】你奈我何。道士降魔。沉悶憂鬱。山下有險。

己土篇

【甲】鞏固根基。借地攻城。尚有可為。來日再戰。
【乙】獲得良田。升階大吉。收成已畢。功虧一簣。
【丙】見龍在田。普照大地。日昃餘暉。得天獨厚。
【丁】乘勝追擊。括囊无咎。動搖心意。鑿壁取光。
【戊】鑿山填土。明堂壓迫。貴人相助。陰煞小巷。
【己】三合庭院。黃離元吉。厚德載物。養兵千日。
【庚】自由揮灑。出國旅遊。暴雨摧殘。不寧方來。
【辛】田園生活。虔誠禮佛。滿園果實。誠心唸佛。
【壬】稻禾浸水。引水灌溉。欺人太甚。不可涉川。
【癸】天降甘霖。富與其鄰。拜地基主。無濟於事。

庚金篇

【甲】逼良為娼。斬首示眾。濫殺無辜。閉關修省。
【乙】借力使力。乩童問事。完成任務。推下懸崖。

【丙】代天巡狩。驍勇善戰。勢不可擋。棄我而去。

【丁】六神無主。進退不果。好高騖遠。孔明再世。

【戊】阻我去路。哀聲嘆氣。飛簷走壁。抵禦外患。

【己】任我遨遊。加速前進。颱風過境。飛到盡頭。

【庚】春天寒風。高壓亂流。劍拔弩張。陰氣入侵。

【辛】化敵為友。各扶其主。鳩佔鵲巢。物歸原主。

【壬】作事謀始。勢在必行。御駕親征。血流成河。

【癸】李代桃僵。感激流涕。風大雨小。勞而有獲。

辛金篇

【甲】再造奇蹟。取丁為用。委曲求全。剝窮反生。

【乙】祖上游魂。膽顫心驚。借屍還魂。人間地獄。

【丙】素履白賁。蒙蔽前程。呼風喚雨。同歸於盡。

【丁】乘心如願。利用享祀。兩簋用享。瑤池赴召。

【戊】春雲濁重。走頭無路。高山雲霧。孤魂野鬼。

【己】宅中陰煞。學富五車。惠我良多。稼穡反生。
【庚】以同而異。朋比作仇。化為烏有。勝負已定。
【辛】義无咎也。言之有物。花言巧語。同流合汙。
【壬】需于酒食。誇下海口。無病呻吟。引魂返家。
【癸】同舟共濟。不同凡響。超渡冤親。找替死鬼。

壬水篇

【甲】負乘致寇。學以致用。江水東流。常德行也。
【乙】無心之過。不學無術。河畔楊柳。海上行舟。
【丙】有賞大國。其暉吉也。初吉終亂。跨州越郡。
【丁】演奏音樂。生產商品。連鎖商店。結婚典禮。
【戊】瀑布飛泉。離經叛道。兵分兩路。反身修德。
【己】維用伐邑。出門有功。水利西南。黃河水口。
【庚】血口噴人。習藝越嶺。得隴望蜀。南北奔波。
【辛】祖源不明。雜技藝術。梟印奪食。明珠出海。

【壬】入坎習坎。淘淘浪水。負塗之豕。終无功也。

【癸】始亂終棄。不爛之舌。口沫橫飛。分道揚鑣。

癸水篇

【甲】舉一反三。天花亂墜。勸世之歌。與鬼為伍。

【乙】威脅恐嚇。愛子心切。淨瓶柳露。陷入絕境。

【丙】神鬼齊至。晴雨不定。鳴金收兵。置若罔聞。

【丁】口出惡言。曇花一現。謠言傳播。置於死地。

【戊】位不當也。無血無淚。涸澤而漁。投鼠忌器。

【己】廣結善緣。利益眾生。陸地澤國。地下幽靈。

【庚】風雨交加。淒風楚雨。妙不可言。喪其資斧。

【辛】雲上於天。西北雨季。外靈入侵。返歸地獄。

【壬】同流合污。狼狽為奸。載鬼一車。同舟共濟。

【癸】口沫橫飛。假扮天使。倒房祖先。晦月鬼出。

第四節　六十甲子碰十二地支觀象應用

甲子篇

【寅卯辰】出人頭地。無遠弗屆。合作無間。

【巳午未】金蟬脫殼。施展抱負。悲喜交加。

【申酉戌】遠渡重洋。超渡祖先。匪寇婚媾。

【亥子丑】後悔莫及。六神無主。返璞歸真。

甲寅篇

【寅卯辰】懼怕艮坤。擴枝散葉。借地反攻。

【巳午未】疲憊不堪。合作前往。略勝一籌。

【申酉戌】披甲遠征。尚存餘果。足履高山。

【亥子丑】難分難捨。學藝備用。有始有終。

甲辰篇

【寅卯辰】生不逢辰。朋比為商。借地掠城。

【巳午未】奮躍深淵。貴人指路。暫居左側。

【申酉戌】收拾殘局。坐享其成。爭奪天下。

【亥子丑】水滿為患。心驚膽顫。到達目地。

甲午篇

【寅卯辰】同謀始策。借刀殺人。難逃一劫。

【巳午未】外表蒙蔽。芒種開花。赴湯蹈火。

【申酉戌】秋風落葉。安全上壘。合謀之難。

【亥子丑】另眼相待。一針見血。任重道遠。

甲申篇

【寅卯辰】重披戰甲。領先群倫。整軍待戰。

【巳午未】人仰馬翻。臨陣磨槍。得來不易。

【申酉戌】颱風考驗。所剩寡果。攻無不克。

【亥子丑】豬遇猿猴。謹言慎行。遠征得利。

甲戌篇

【寅卯辰】回憶往事。枯楊生稊。地基動搖。

【巳午未】六出岐山。引火焚身。見異思遷。

【申酉戌】抵禦外侮。悅而毀折。王不見王。

【亥子丑】紮穩根基。過濾病毒。老奸巨猾。

乙丑篇

【寅卯辰】另習它藝。培育良才。瓦解我基。

【巳午未】展露才華。策略失敗。暗箭傷人。

【申酉戌】一比高下。投資有獲。功成身退。
【亥子丑】策劃失誤。碰到難題。踏雪尋梅。

乙卯篇

【寅卯辰】朋比競技。開發市場。滲入敵域。
【巳午未】異想天開。天時地利。新域設點。
【申酉戌】大鵬高飛。達成目標。夫征不復。
【亥子丑】飛蛾撲火。病入膏肓。心生恐懼。

乙巳篇

【寅卯辰】一臂之力。經驗傳授。面臨深淵。
【巳午未】遇到亂流。向前一步。伸展舞臺。
【申酉戌】災在外也。左右為難。乘馬班如。
【亥子丑】自投羅網。一席之地。愛恨交加。

乙未篇

【寅卯辰】散財求技。提供場所。錢可通神。

【巳午未】大費周章。赴湯蹈火。暗箭傷人。

【申酉戌】降龍伏虎。先迷後得。聯結友邦。

【亥子丑】不如預期。病毒攻身。挑燈夜戰。

乙酉篇

【寅卯辰】勞民傷財。培育菁英。反覆其事。

【巳午未】革而有獲。尋獲知音。不可久留。

【申酉戌】不如放棄。女之終也。功成不居。

【亥子丑】超渡西方。因果循環。財多身弱。

乙亥篇

【寅卯辰】暗藏鬼胎。故技重施。投石問路。

【巳午未】顛簸險路。露出馬腳。鳩佔鵲巢。
【申酉戌】朋比為奸。苦行彼岸。鴻漸于陸。
【亥子丑】險中求生。池中蓮花。雖苦猶樂。

丙子篇

【寅卯辰】飢寒交迫。不知所措。沆瀣一氣。
【巳午未】露出破綻。不續終也。受寵若驚。
【申酉戌】忘年交誼。尚有可為。窮凶惡極。
【亥子丑】力不從心。傷我手足。男之窮也。

丙寅篇

【寅卯辰】有苦難言。受人誘惑。身陷深淵。
【巳午未】旭日東昇。心手相連。得非所願。
【申酉戌】三思後行。隨有求得。疲憊返鄉。
【亥子丑】勞而無獲。心裡有數。心滿願足。

丙辰篇

【寅卯辰】得而復失。難逃一劫。請君入甕。

【巳午未】躍過深淵。耀武揚威。赴京趕考。

【申酉戌】並肩作戰。日月星辰。進入敵區。

【亥子丑】時不我予。兵以詐立。功成名遂。

丙午篇

【寅卯辰】招兵迎戰。救災恤患。渡洋求財。

【巳午未】一馬當先。難以捉摸。出國深造。

【申酉戌】同人往行。尚方寶劍。喪馬勿逐。

【亥子丑】閉關修省。巡視災區。任重道遠。

丙申篇

【寅卯辰】陷入絕境。舉手之勞。不宜介入。

【巳午未】反目成仇。暗箭難防。多此一舉。
【申酉戌】急如星火。福至心靈。閉目養神。
【亥子丑】暫退莫前。感化修省。勞而有獲。

丙戌篇

【寅卯辰】風力不足。同流合污。勢不兩立。
【巳午未】日行千里。入寨稱王。借力使力。
【申酉戌】日月爭輝。利益誘惑。日暮途窮。
【亥子丑】同行相忌。病毒溫床。它鄉遇故。

丁丑篇

【寅卯辰】沉溺不振。受人誘惑。授人一技。
【巳午未】外表蒙蔽。瓦我邦國。福禍參半。
【申酉戌】財迷心竅。積非成是。來回漂盪。
【亥子丑】人謀鬼謀。自不量力。訟不可久。

丁卯篇

【寅卯辰】捨己救人。得而復失。出人頭地。

【巳午未】展翅高飛。掌握技術。一期收穫。

【申酉戌】明誇暗謀。功成不居。它域謀利。

【亥子丑】與盜為伍。自尋煩惱。死去活來。

丁巳篇

【寅卯辰】助人為樂。別出心裁。折獄致刑。

【巳午未】曇花一現。青出於藍。外憂內喜。

【申酉戌】弗過必戒。不再鐵齒。垂翼養息。

【亥子丑】飛渡重洋。此地無銀。受我一拜。

丁未篇

【寅卯辰】震伐鬼方。絲綸成卷。受益匪淺。

【巳午未】預料不到。引火自焚。急病投醫。
【申酉戌】臨渴掘井。宜防熟腐。福德護佑。
【亥子丑】請鬼開方。鬼話連篇。另起爐灶。

丁酉篇

【寅卯辰】死裡逃生。互為表裡。尚可利用。
【巳午未】母子連心。造訪賢能。自尋死路。
【申酉戌】損兵折將。自食惡果。果熟落地。
【亥子丑】養鬼貽患。再創奇蹟。不如遯隱。

丁亥篇

【寅卯辰】匪寇婚媾。生不逢時。終得依歸。
【巳午未】離家出走。丁仗丙光。隨緣渡化。
【申酉戌】山溝飲水。嬰靈纏身。沖擊堤岸。
【亥子丑】岸上燈塔。人鬼同謀。遇到高人。

戊子篇

【寅卯辰】深谷松柏。教育失敗。榜上有名。

【巳午未】展翅高飛。滿腹牢騷。尋龍點穴。

【申酉戌】解毒良方。逆行周天。繞道而行。

【亥子丑】降妖伏魔。同床異夢。陰煞纏身。

戊寅篇

【寅卯辰】奮力求生。意氣昂揚。陽光計畫。

【巳午未】壯于大輿。自立門戶。其危乃光。

【申酉戌】收集資源。自耕自養。防水措施。

【亥子丑】小偷入門。獨立山谷。不出戶庭。

戊辰篇

【寅卯辰】乏人問津。苟且偷生。望穿秋水。

【巳午未】志上行也。殺出重圍。沙漠尋水。
【申酉戌】緩兵之計。攀龍附鳳。另尋出路。
【亥子丑】縱鬼歸山。善意欺騙。心甘情願。

戊午篇

【寅卯辰】傳授經驗。提攜後輩。引刃一搏。
【巳午未】跨越雷池。灑網捕獵。門戶之見。
【申酉戌】大刀闊斧。滿山神佛。廣告招商。
【亥子丑】斬首示眾。不再論劍。畜牝牛吉。

戊申篇

【寅卯辰】奮力再戰。策劃前進。望川秋水。
【巳午未】重施故技。刀光閃閃。化敵為友。
【申酉戌】華山論劍。推人一把。水淹頭鼻。
【亥子丑】縱鬼難歸。古井重波。得其資斧。

戊戌篇

【寅卯辰】獨樹一格。遍野花草。不近人情。

【巳午未】魚掌兼得。火焰山峰。厚下安宅。

【申酉戌】山阻風行。雲階月地。半壁吊燈。

【亥子丑】守城禦敵。山中險路。滿山冰雪。

己丑篇

【寅卯辰】虎視眈眈。奮力前往。瓦我根基。

【巳午未】陽臨雪溶。離家出走。福至心靈。

【申酉戌】終无尤也。潛移默化。穩定守成。

【亥子丑】財來財去。富屋貧人。柳暗花明。

己卯篇

【寅卯辰】隨人往行。一盞明燈。我心不快。

【巳午未】允升大吉。計畫行事。攻佔城池。
【申酉戌】傷我稼禾。略有所得。遠征功成。
【亥子丑】不可涉險。增廣見聞。胸有成竹。

己巳篇

【寅卯辰】弧矢大張。文藝復興。峽彎陷谷。
【巳午未】鋪張揚厲。晴空萬里。無所疑也。
【申酉戌】惹禍上身。和氣生財。伏王登基。
【亥子丑】行萬里路。即鹿无虞。施未光也。

己未篇

【寅卯辰】獨行正也。求明而往。卑而不踰。
【巳午未】後繼無力。六月焚風。焚香頂禮。
【申酉戌】不寧方來。先迷後得。地動山搖。
【亥子丑】登山涉水。田獲三狐。功成名就。

己酉篇

【寅卯辰】剝之无咎。民所載也。切近災也。

【巳午未】剝床以辨。以滅下也。剝床以膚。

【申酉戌】順而止之。細水長流。與上興也。

【亥子丑】小人剝廬。碩果不食。以宮人寵。

己亥篇

【寅卯辰】王三錫命。長子帥師。弟子輿尸。

【巳午未】開國承家。大君有命。未失常也。

【申酉戌】田園有禽。承天寵也。以中行也。

【亥子丑】逃亡之人。渙居遠害。匪夷所思。

庚子篇

【寅卯辰】閉門造車。見義勇為。建侯行師。

【巳午未】剛決柔也。針鋒相對。不勝為咎。
【申酉戌】聯軍赴戰。功德圓滿。群龍無首。
【亥子丑】誘敵上陣。兵不厭詐。布陣誘敵。

庚寅篇

【寅卯辰】所尚乃窮。柔而上行。交相愛也。
【巳午未】勿恤往吉。初登于天。往有慶也。
【申酉戌】位不當也。從一而終。從婦凶也。
【亥子丑】渙奔其机。明察暗訪。帝享立廟。

庚辰篇

【寅卯辰】王在中也。巽以順民。顛頤拂經。
【巳午未】拂經厲吉。亦不足貴。我心不快。
【申酉戌】利有攸往。可貞无咎。道大悖也。
【亥子丑】日閑輿衛。作戰成功。固有之域。

庚午篇

【寅卯辰】備馬前進。得童僕貞。不可試也。

【巳午未】行有眚也。勿藥有喜。聞香下馬。

【申酉戌】无妄往吉。義无咎也。已至終點。

【亥子丑】頻復之厲。終有大敗。反君道也。

庚申篇

【寅卯辰】迷復之凶。以下仁也。並肩作戰。

【巳午未】必有餘殃。敬之終吉。敬義不孤。

【申酉戌】順乎其道。必有餘慶。殘兵敗將。

【亥子丑】不速之客。奉命行事。美在其中。

庚戌篇

【寅卯辰】苟且偷生。風吹又生。誓死不屈。

【巳午未】龍戰于野。並非良策。含章可貞。
【申酉戌】引敵入山。敗事有餘。自蹈法網。
【亥子丑】敵愾同仇。山谷之水。道貌岸然。

辛丑篇

【寅卯辰】沉迷羔羊。燃火求明。以貴賤下。
【巳午未】革新去故。展現才華。往而求明。
【申酉戌】何可長也。十年乃字。象雲連綿。
【亥子丑】它域深造。不出戶庭。綿延相連。

辛卯篇

【寅卯辰】因小失大。稼穡反生。滲透組織。
【巳午未】未婚生子。認賊作父。一株數葉。
【申酉戌】誤入歧途。遠嫁他鄉。自投法網。
【亥子丑】技不如人。磐桓居貞。井底之蛙。

辛巳篇

【寅卯辰】道不相同。同病相憐。同歸於盡。

【巳午未】傷人傷己。無心插柳。隨而有獲。

【申酉戌】誤上賊船。孚于嘉吉。雖死猶榮。

【亥子丑】終則有始。往有事也。閉目養神。

辛未篇

【寅卯辰】移花接木。振民育德。小悔无咎。

【巳午未】火力不足。晉如鼫鼠。暗渡陳倉。

【申酉戌】平地風波。觀民設教。暗巷陰煞。

【亥子丑】童蒙之吉。獨遠實也。君子好遯。

辛酉篇

【寅卯辰】散財童子。看透人心。水淹鼻喉。

【巳午未】酒後真言。椰子樹上。不學無術。
【申酉戌】否之匪人。果實成熟。棲息山中。
【亥子丑】超渡亡魂。膽小如鼠。收藏之物。

辛亥篇

【寅卯辰】冤親債主。斬草除根。苦節之貞。
【巳午未】其辯明也。遇其配主。因禍得福。
【申酉戌】畏鄰戒也。跛足能履。自我西郊。
【亥子丑】君子夬夬。魂飛魄散。施祿及下。

壬子篇

【寅卯辰】乘木有功。川中小舟。海上行舟。
【巳午未】邑人災也。水輔陽光。流向西南。
【申酉戌】井中寒泉。勞民勸相。舊井无禽。
【亥子丑】岌岌可危。无咎之疾。行人得牛。

壬寅篇

【寅卯辰】蒙者蒙也。天造草昧。志行正也。

【巳午未】巳日乃孚。並受其福。雙姓祖先。

【申酉戌】其悔乃亡。文明以說。過涉滅頂。

【亥子丑】六煞之宅。一線生機。一路順暢。

壬辰篇

【寅卯辰】困于金車。傷財害民。困于酒食。

【巳午未】飛躍川谷。遠征它域。致命遂志。

【申酉戌】往來井井。无喪无得。長江黃河。

【亥子丑】動而有悔。川流大海。西藏高原。

壬午篇

【寅卯辰】困于葛藟。技術合作。入于深宮。

【巳午未】杯弓蛇影。利弊相對。大亨以正。
【申酉戌】甘霖湧現。改變主意。空留遺恨。
【亥子丑】石沉大海。左右為難。功成身衰。

壬申篇

【寅卯辰】水淹稻禾。根苗受損。乘舟遠渙。
【巳午未】暴雨梨花。拷貝影像。乘勢攻擊。
【申酉戌】傷及手足。告別風華。來勢洶洶。
【亥子丑】渡過難關。河水氾濫。順以聽也。

壬戌篇

【寅卯辰】災自外也。搖搖盪盪。洩洪灌溉。
【巳午未】野薑花開。大顯身手。轉移陣地。
【申酉戌】山谷湧泉。墜落懸崖。水勢湍急。
【亥子丑】潰不成軍。過關斬將。城堡宮殿。

癸丑篇

【寅卯辰】春寒換甲。熱心公益。膏粱紈絝。

【巳午未】照顧弱小。難以取捨。負弩前驅。

【申酉戌】護國佑民。西方淨土。山谷寒冰。

【亥子丑】妖魔現身。為錢賭命。落差崖壁。

癸卯篇

【寅卯辰】心懷大志。鳴鶴在陰。奈何橋上。

【巳午未】撒豆成兵。為民喉舌。散播種苗。

【申酉戌】暗自思量。君子經綸。暗渡陳倉。

【亥子丑】自身難安。寒霜覆頂。自食其果。

癸巳篇

【寅卯辰】得天獨厚。天女散花。蹇難在前。

【巳午未】引火焚身。自成一格。情義相挺。
【申酉戌】惹是生非。送歸西天。天涯獨行。
【亥子丑】險遭不測。浪跡天涯。踏雪尋梅。

癸未篇

【寅卯辰】姨娘之恩。意氣風發。有得有失。
【巳午未】比之匪人。不亦傷乎。有孚比之。
【申酉戌】出其不意。為善積福。外比貞凶。
【亥子丑】付諸流水。不足為用。自得其樂。

癸酉篇

【寅卯辰】獨行願也。履道坦坦。夬履貞厲。
【巳午未】田產致富。難分難解。自毀前途。
【申酉戌】小人道長。唸佛歸西。堅持到底。
【亥子丑】縱鬼難歸。內神通鬼。立地成佛。

癸亥篇

【寅卯辰】乘木有功。傳授武功。河川入海。

【巳午未】陰錯陽差。你奈我何。埋下伏筆。

【申酉戌】狼狽為奸。要求引渡。即將潰堤。

【亥子丑】隨波逐流。動盪難安。返璞歸真。

第五章 十二長生

日月運行不已因而形成四季，四季各有其代表的五行，也因季節的輪替導致五行會產生旺衰現象，為了便於理解、統計，則依月令將它分為十二個階段，即：胎、養、長生、沐浴、冠帶、臨官、帝旺、衰、病、死、墓、絕。這十二長生訣可用來計算五行的強弱，在各類術數中扮演著極重要的角色。

八卦所分布的十二地支就如地球的圓周，並以子支定為終始點，有了定點後，便套用十二長生訣來比喻整個人生階段之衰旺過程。

十二長生訣的要義是陽死陰生，如甲木「長生」在亥、「沐浴」在子、「冠帶」在丑、「臨官」在寅、「帝旺」在卯、「衰」在辰、「病」在巳、「死」在午，至死位後則為乙木長生，再依十二長生的順序逆推（陽順陰逆），所以只要記住丙戊長生在寅、庚金長生在巳、壬水長生在申、甲木長生在亥即可，因推至死位時，一定就是陰干的長生位，這樣很快就可以記熟了！

干支五行強弱對照表

月份	一月寅	二月卯	三月辰	四月巳	五月午	六月未	七月申	八月酉	九月戌	十月亥	十一子	十二丑
甲乙	強	強	強	弱	弱	弱	弱	弱	弱	強	強	強
丙丁	強	強	強	強	強	強	弱	弱	弱	弱	弱	弱
戊己	弱	弱	弱	強	強	強	弱	弱	弱	弱	弱	弱
庚辛	弱	弱	弱	弱	弱	弱	強	強	強	弱	弱	弱
壬癸	弱	弱	弱	弱	弱	弱	強	強	強	強	強	強

十天干十二長生

十天干 / 十二長生	甲	乙	丙戊	丁己	庚	辛	壬	癸
長生	亥	午	寅	酉	巳	子	申	卯
沐浴	子	巳	卯	申	午	亥	酉	寅
冠帶	丑	辰	辰	未	未	戌	戌	丑
臨官	寅	卯	巳	午	申	酉	亥	子
帝旺	卯	寅	午	巳	酉	申	子	亥
衰	辰	丑	未	辰	戌	未	丑	戌
病	巳	子	申	卯	亥	午	寅	酉
死	午	亥	酉	寅	子	巳	卯	申
墓	未	戌	戌	丑	丑	辰	辰	未
絕	申	酉	亥	子	寅	卯	巳	午
胎	酉	申	子	亥	卯	寅	午	巳
養	戌	未	丑	戌	辰	丑	未	辰

第一節　十二長生的意義和應用

「胎」《易經》：「**天地絪縕，萬物化醇，男女媾精，萬物化生。**」絪縕（音暈）指陰陽二氣交會和合。男子天癸是精、女子天癸是血，受孕就是兩者交合，即陰陽交媾所孕育的新生命。「胎」會產生新的東西，乃因天地交而化生諸物。台南歸仁有位蘇珠山整脊大師，他原本是一位建築工人，因日主元神是丙子、自坐胎位，所以中年時期自己悟出一套獨特手法，因此成為神醫而聲名遠播。丙子是後天八卦中的離坎，契於先天卦則是乾坤，因而能獲得天地能量的加持。

「養」易經卦序為乾、坤、屯、蒙、需、訟、師、比，當中的需卦為飲食之道，即養位，也就是教養，可以用「養不教，父之過」一詞來解釋，而非指胎兒在母體中吸收養分的階段。古時候霍亂、傳染病多，很多剛出生的小孩容易夭折，所以父母通常會等到三歲後才舉行「長生」禮；既然三歲屬「長生」，那「養」位合理上就算是幼年階段了。

「長生」水雷屯彖曰：「**剛柔始交而難生**」，契於應用：凡見長生或自坐長生之柱皆有難；自坐長生之柱為丙寅、戊寅、壬申、丁酉、己酉，至於其難為何，則以自坐之地支十神論之即驗。

「沐浴」為成人禮，此時生理器官已成熟，具有犯桃花的本能了。

「冠帶」頂冠與腰帶。此時已值適婚年齡，指結婚時所穿戴的頭冠與腰帶。

「臨官」已值壯年時期，可出任官職或創業。臨官又謂祿，乃旺氣之名辭。

「帝旺」為壯盛之極，如乾為天卦上九「**亢龍有悔**」。帝旺又稱陽刃、喻為刀劍，故古代視為凶神惡煞。陽刃並非絕對是凶的，應用上有幾個重點：倘若甲後見卯、丙後見丁、庚後見酉，這些狀況皆可視為通根或化進神，手持的這把刀是用來殺別人的，指有該五行的特殊專長。卯後見甲、丁後見丙、酉後見庚，這些狀況則為透干或化退神，於該柱限會有災眚。

「衰」體力逐漸衰弱，無法負荷粗重的工作，會有從勞力轉智慧形態的想法。

「病」物體發生不健康的現象，亦指生理或心理產生不正常的狀態。

「死」因生病而死去，也就是壽終正寢之意。天地中有陰陽二氣，陽氣順行、陰氣逆行，至「死」位交會，這樣萬物才能終始輪替。行運至死位就易有生死成敗的恐慌感，所以會想從本業再延伸出週邊產品或者轉換跑道，以求生存或永續經營。

「**墓**」為收藏閉氣之地。墓庫位的地支是辰戌丑未，土主思而致動，所以若用休息省思是為了走更長遠的路來形容，相信大家就更能體會了。

「**絕**」一個現象從此結束。俗云「天無絕人之路」，所以絕含終而復始、否泰循環現象。

日課實例

年	己丑
月	甲戌
日	甲午
時	丙寅

這是一個大陸風水命理研究團隊在探討的實際日課，經四十二個擇日館評審這

個日課，一致認為是吉課，但經驗證後卻是嚴重反凶。以下「反饋」事發過程，供讀者參考。

案例分析：丙壬兼午子，祠堂入堂進火日課。

反饋內容：此日課用事當時，主事人的老婆是第二位進來的，穿著高跟鞋，跨進門檻時不慎扭傷了右腳，事故發生後經過二十天的治療，共花費了六千多元人民幣。主事人是廣州市人，據聞資產有兩三個億，但當年冬天就全部敗光，為了躲債而不見人影，之後還得知他已中風、未癒。

從第二年起，便開始傳出家族成員意外致死事件，且年年都有發生，累計已經有六十三人往生，而且全部都是中青年男性。此課用事之前，經過兩廣四十二個日子館評斷，一致評論為大吉、會旺財發丁。此案例值得收藏研究！不知各位大師們有何見解？（可惜當下沒有人提出論述）

我且不要事後孔明，只要有讀過《易經八字》系列書籍的人，應該瞬間就能看出端倪吧！本日課構成寅午戌三合局，此局會損午火；在陽刃及化退神和透干篇中亦皆有詳述。日干地支午化退神及透干至時柱丙火，陽刃透干那一隻刀是會殺人的。我不太相信同樣的日課、用事不同，亦會有同樣的結果。此例是大陸某大家族的祖祠進火日課，卻巧逢該日課的弊端正好出現在火的問題，才會造成同頻共振效用。所以我一再提醒學生，五行之用一定要契應現有人事狀況，尤其剖腹產日課也要符合當事者的實際能力或狀況，否則亦恐無福消受，千萬不可擅作主張、誤人誤己。

爾今各種術法林立且各有特色，尤其自古以來，逢婚喪喜慶大多數人會去擇日館挑選良辰吉日。研究易學以來，我常用該日課的八字來評估現象，往往皆會有該事發生，經過仔細思量後，既然出生的那一刻就能定奪一生窮通，那難道日課用事就不會相通嗎？當然，我們也不能否定通書或各類擇日學理，但是倘若能配合該日課的八字應該會更臻圓滿。

第二節　十二辟卦

十二辟卦也稱十二消息卦，研習易理的人都應該了解，它是計算十二月令之氣的消長情形。十二辟卦的概念是在一個卦體中，見陽爻去而陰爻來稱為「消」，逢陰爻去而陽爻來則稱「息」。十二消息卦即由「乾」、「坤」二卦各爻的「消」「息」變化而來的。「辟」是君主的意思，因為是該月令的主宰者。十二個卦配十二個月，每一卦為一個月，故「十二辟卦」也稱十二月卦。十二卦由子支、十一月開始定位，其排序為：「**復**、**臨**、**泰**、**大壯**、**夬**、**乾**、**姤**、**遯**、**否**、**觀**、**剝**、**坤**」。即復主十一（子）月，臨主十二（丑）月，泰主正（寅）月，大壯主二（卯）月，夬主三（辰）月，乾主四（巳）月，姤主五（午）月，遯主六（未）月，否主七（申）月，觀主八（酉）月，剝主九（戌）月，坤主十（亥）月。

此十二卦中陽爻會逐而遞生六個卦，即從子月復卦到巳月乾卦，其過程是由復卦一陽生為始，臨卦則變初、二爻為陽爻，泰卦是初、二、三爻為陽爻，大壯卦是初、二、三、四爻皆為陽爻，夬卦是初、二、三、四、五爻皆是陽爻，至乾卦則為六爻全陽；逐次增長稱為「息卦」，「息」即為生長之意。所有事物皆至極則變，故至午支後就轉為一陰潛伏的姤卦，直到亥月就成為純陰的坤卦，即姤卦、遯卦、否卦、觀卦、剝卦以至坤卦，此六個卦象中，由於陽爻逐步消失以至全無，故稱為「消卦」。

十二辟卦中的子月，其中氣為冬至配復卦，因復卦僅初爻為陽爻，故稱一陽來復，表示冬至陽氣初生；陽爻晉升至午月夏至，其後則陽氣盛極而陰氣初生。至於十二辟卦也都在闡述相對論（沖的概念），即子月復卦綜午月姤卦、丑月臨卦綜未月遯卦、寅月泰卦綜申月否卦，卯月大壯卦綜酉月觀卦、辰月夬卦綜戌月剝卦、巳月乾卦綜亥月坤卦。

十二長生和十二辟卦都是用來計算十二月令之氣的消長，那它們之間有什麼差別呢？陰陽兩氣皆有表裡，應用上我們可將十二長生視為有形或已產生的現象；十二辟卦則是蘊涵的想法，有了思想之後便會驅動行為，所以兩者是相互為表裡的。

十二長生與十二辟卦實例應用

乾造

年	乙酉	四五	甲申
月	己丑	五五	癸未
日	庚寅	六五	壬午
時	庚辰	七五	辛巳

日主元神庚金生於丑月，以十二長生論為庚金入墓於丑，書云庚金見火則銳，但丑乃天寒地凍之域，無陽氣以煉金；丑月十二辟卦為地澤臨卦、已兩陽至，故曰「**咸臨，貞吉。**」即陽氣將蒞臨了。此人是電子公司的董事長，擁有數百億身價。他是一位發明家，擁有數百個專利，也曾受美國總統邀約至白宮，且有和川普合影，因目前所生產的產品也可用於太空梭及軍事設備。

十二長生比較屬於顯性現象，故墓位為閉藏，合理解釋為：一位發明家理當要經歷閉門造車的過程；十二辟卦是隱性現象，臨卦兩個陽爻潛藏於內，但陽氣已蒞臨，象徵胸有成竹。所以庚金日主能成為大格局者，往往都是生於丑月（例經營之神亦是）。

顯性現象為質、隱性現象為氣，況乎丑未是「連山易」與「歸藏易」，所以含有前世因果。但畢竟格局再好也會受到時運影響，此造年柱乙至日支寅為木化退神，於壬午大運時，其妻因炒作股票，涉及內線交易，虧損一百億且犯了官符。

由寅至辰為財星化進神，但六十歲後又要返回年柱而成為化退神。辛巳大運、辛丑流年，與命盤構成巳酉丑三合損巳火，又年支酉至庚為陽刃化退神，會傷自己，該年腸道破裂，開刀十二次，從鬼門關搶救回來。

此造有此番格局乃遺傳基因所致，因年柱乙酉乃僅存碩果，又得丑月冬藏，才會成為庚寅之良好品種。最重要的一點是：土中暗藏之財乃前世福報所致，絕對不可輕忽暗藏的力量。

十二辟卦圖

復
一陽生
子
冬至 大雪
臨
二陽生
丑
小寒 大寒
泰
三陽生
寅
立春 雨水
大壯
四陽生
卯
驚蟄 春分
夬
五陽生
辰
清明 穀雨
乾
六陽生
巳
立夏 小滿
姤
一陰生
午
芒種 夏至
遯
二陰生
未
小暑 大暑
否
三陰生
申
立秋 處暑
觀
四陰生
酉
白露 秋分
剝
五陰生
戌
寒露 霜降
坤
六陰生
亥
立冬 小雪

第三節　五行相關行業

傳統八字學理大致以喜用神來契於相關行業，或用來做為貴人方和房屋坐向的指南；因此，也就順理成章以忌神來判斷疾病，其實這種籠統性的理論是非常不科學的！因五行會對應到五臟，倘若喜神為金水，那忌神就是木火土，斷了三個五行，其或然率已經超過六至七成，如此猜中的機率必然相對較高。

天生我才必有用，所以每個人都有與生俱來的特性或遺傳基因，致使懷有天分或某些較弱的器官。年月是先天、也是遺傳基因，而傳統八字學要綜觀全盤才能判斷出喜忌用神，難道與生俱來的疾病能完全用後天五行來觀測嗎？

大家不妨嘗試用五行的化進退神來參考職業、貴人、屋向。倘若先天之年月火化退神，就不利南方和該項五行的職業，也要多留意心血管疾病；但後天日時又逢丙丁化進神時，那就可以仰賴後天的努力以彌補先天的不足。

論斷五行喜用時，天干並不能代表方位，它只是一種顯示的現象，唯地支才能代表方位。我們可以用文王卦的學理來舉例說明：假設占雨，八字中的壬癸水就是雨霖，倘若出現壬午、癸巳，那難道巳午月就不會下雨、南方永遠都沒有水嗎？所以它是指示巳午的月、日會下雨。若天干壬癸水是化進神，而地支見寅卯或巳午，那是指示貴人在東、南方，如此才能富邏輯性的達到指引的助益，進而知命、用命。

五行行業類化

木：傢俱、裝潢、紙類、文教、書店、文具、印刷、教育、藝術、紡織、服飾、百貨、木材、花藝、蔬菜、藥草、布匹、出版社、木器工廠、花苗園藝。

火：電腦、電子、電機、電器、宗教、玄學、法官、司法、政治、照相、印製、光學、眼鏡、軍警、美髮、公務員、評論家、化妝品、製造工廠、熱飲小吃、燙髮美容。

土：營造、建築、畜牧、農耕、古董、婦產、房屋、礦業、飼料、營養、肉商、皮飾，徵信、仲介、秘書、當舖、環保、設計師、葬儀社、石碑店、地理師、出家人、企管顧問、水泥建材、房地買賣。

金：銀行、證券、機械、銀樓、保險、五金、武術、採礦、會計、水果、鋼鐵廠、修車廠、科學家、伐木業、武術館、雕刻業、鐵模工、屠宰業、宗教家、敬神用品。

水：國貿、旅遊、觀光、導遊、航海、運輸、律師、醫師、餐廳、服務、醫學、記者、護士、飲料、食品、煙酒、冷凍業、消防員、介紹人、馬戲團、運動家、影歌星、音樂家、流動攤販、清潔隊員、碼頭工人、食品工廠、交通運輸、航空事業、水利事業。

第四節　命盤實際理論應用

乾造

年	戊申	二五辛酉
月	戊午	三五壬戌
日	甲子	四五癸亥
時	甲戌	五五甲子

有位資深命理前輩，是靠論八字來賣產品的領導者，因經某風水學會理事長介紹，來我這裡購買八卦能量產品。看到我諸多「易經八字」著作，得知我也懂命理。

有次不知是要考我功力或是有疑惑，傳命盤來詢問此造如何？回曰：此造已有成就，但身體有諸多問題（我順便解說理論）。申子合水、午戌合火，午子會沖出辛金；戊午似山火賁卦，土為四方形、午為香火，即宅中神位出現問題。不久傳來照片，結果是因為神桌處太暗，於是在天花板上拉一條電線加裝燈泡，正巧常年照著觀音菩薩的頭部，神奇的是，叫他拆除後，久年頭痛竟然不藥而癒。

乾造

年　乙未　三一甲申
月　丁亥　四一癸未
日　辛丑　五一壬午
時　戊戌　六一辛巳

此造自己開工廠，從事螺絲加工行業。年柱未至丑是一條道路、不以沖論。乙木又為其「正財」、丁為「正官」，且由亥中壬水至丑中癸水，為「食傷」化進神，食傷會生財，故極早就結婚且自己創業。丁官為乾造子息，又因二七同道火，故生育二男；辛丑日的人是完美主義者，性情偏孤、人際關係不佳；妻星是年柱乙未，此柱外交能力好，所以工廠事物由他處理，財務及外交都交由妻管理，因而經營得有聲有色、非常賺錢。

月柱亥水至丑為「**履霜堅冰至**」，即一切事物皆慢慢累積所致。辛巳大運與月柱形成巳亥沖已埋下伏筆，其間因感染病毒而換血（水為坎卦主血、又為細菌）。逢壬寅流年與月柱形成天地鴛鴦合（丁壬合、寅亥合），該年因病危而裝了葉克膜。但最終於壬寅年、癸卯月、戊辰日、庚申時病逝。

生前剛購買了五千多萬的土地要擴廠，幸此造干支構成甲、丁、辛，乃蠱卦「**先甲三日，後甲三日**」，「**幹父之蠱有子考，无咎。**」其意為父親亡故，有子繼承就沒有過錯了。

坤造

年	**己酉**	**十六戊辰**
月	**丙寅**	**二六己巳**
日	**乙丑**	**三六庚午**
時	**丁亥**	**四六辛未**

月柱丙寅之象猶火地晉卦，即日昇之際，木就會隨之而長，至日柱乙丑已成冬季老樹。又月干丙至時干丁為火化進神，火為亮麗、賁飾之象，此人承包油漆工程，成就甚高。

目前行限已至時柱，乙見丁亥，象為飛蛾撲火，必定有損。她來算命時問是否能東山再起？因火化進神也為篤信神明會幫她，而抱持過於迷惘心態，只好回應不太可能，乃為了讓她面對現實、踏實的求生。所幸一語驚醒夢中人後，她還是坦然接受了。

坤造

年	**辛丑**	**二五丙申**
月	**癸巳**	**三五丁酉**
日	**戊午**	**四五戊戌**
時	**庚申**	**五五己亥**

年柱辛至時柱庚為食傷化退，為表達能力差，不適合業務性質的工作。月柱巳（丙）至日柱午（丁）為印星化進神：印星代表保護我的人事物，即父母、長輩、讀書、房子、車子。月柱是父母宮，又逢巳午印星化進神，此人繼承不動產，靠收房租過活。

巳申合為「**君子豹變，小人革面**。」**君子**、指巳火，**革面**：本來是晴空萬里，瞬間卻風雲變色；即巳申合化水後，巳火會反遭水剋，此乃「**自我致寇**」象也，指會形成狂風暴雨是巳火造成的，卻惹來自身的災禍。命盤雖然不見官星，但要看感情可以將木放進去，即可觀其榮枯。命盤中不見官星，故姻緣較淺，此造死了三個老公，最後一個因有前車之鑑，因而只同居不去登記，但兩天後依然掛掉了。

坤造

年　丙子　九庚寅

月　辛卯　一九己丑

日　丙寅　二九戊子

時　己亥　三九丁亥

丙子年生辛卯月，祖上宮位丙火見辛卯，丙本該長壽，但天干丙辛合化水，地支又逢子卯刑，加上丙火坐子不得時令，象徵本質不佳；年柱是祖父母宮位，丙為陽、可視為祖父，子為陰、可視為祖母，丙坐子猶火水未濟卦男之窮也，因火運行至子已氣衰，故祖父在其五歲時即往生，祖母子水則無傷，至今壬寅年仍健在（即星與宮配合論斷）。月支卯木有向陽或向溼的成長特性，觀此造丙辛合化水，木必向下延長，乃祖墳鑽樹根、進水之象，故在民國一〇七年其父撿骨時，見祖父呈蔭屍狀態，因而火化。

月支卯木為坤造印星，逢子卯刑為「危言恐嚇」之象，前有年支子水，後又有日支寅化退神，母親為了家庭子女，做到流汗還被嫌到流涎，簡直蠟燭兩頭燒的心力交瘁，而唯一的依靠老公，卻又辛金雲霧籠罩、壓垮卯木，故在坤造十八歲時離婚（母親離婚時有辭祖）。

春天的卯木本當雲消霧散，但卻見雲霧瀰漫，乃因天干丙辛爭合，且木化退神，無力驅散雲霧之故，逢此象必有雲障：其父母有兄弟姊妹早夭，乃其父有一位兄長三十餘歲時因生病往生；其母亦有一姊姊在十七歲時被水沖走往生（民國七十年元月二十三日外雙溪的自強活動，師生共有六百多位，因人禍而導致的意外事件，是最後有十五人來不及搶救的其中之一）。

坤造

年　丙寅　　六庚寅

月　辛卯　一六己丑

日　甲子　二六戊子

時　癸酉　三六丁亥

丙年生辛卯月，但寅卯化進神生助丙火，故祖父祖母均長壽。但月柱辛金為「偏官」，卯木為「偏印」，又逢卯子刑，因而父母親離婚，凡見偏者，離異機率較高。

己丑大運構成甲己合，父親在庚寅流年因心肌梗塞逝世，乃因與大運構成五合時易有災眚，己丑為財星、為父親。己丑是庚金墓庫，此域卻是辛金旺域，故庚風乏力驅散雲霧。

坤造

年　甲子　　四乙亥

月　丙子　一四甲戌
日　癸未　二四癸酉
時　乙卯　三四壬申

年月兩個子水透干於日主，透干為我所不能掌握的事，而癸水為車、為鬼，此造於癸酉大運、丁亥流年發生嚴重的車禍，因而腳裝義肢。丁亥流年與命盤構成三合局，大運又逢秋季，故此三合局會損卯木與未土（卯木為腳）。

壬申大運丁酉流年結婚，但申與子半合水，大運壬水見未土為「**利用侵伐**」，象為水淹沒平原，故丈夫有家暴傾向，於己亥流年以離婚收場。時柱子女宮為乙卯，將卯契三八為朋木論，子女理當有三人，但目前只育一男，因乙卯經不起壬申狂風暴雨摧殘，故有流產和墮胎現象。

此人經濟狀況良好，在生產義肢的醫療器材公司上班，因能力強而應老闆邀約入股。癸日主加上子未害、有特殊的靈異體質，她母親從事收驚制煞工作，家中供奉天上聖母。丙子之象為「千里眼」與「順風耳」，因丙為眼、能望透北方之物，子水為耳、能聽獲南方之音，所以常隱約看到無形影子、聽到群聚聲音。她說無形的常偷看她洗澡，也常捉弄她，因懷有這種體質又道聽塗說，因而一直困擾不已。

我跟她說：這些好兄弟是妳前世的好朋友，祂們不會害妳的；因子未害會形成辛金來生助癸水。她從小就有這種體質及經歷，所以也認同這種說法，聲稱那些好兄弟常去跟兒子報明牌，還曾有過報五支開五支的神準經驗。

年月為先天或為前世，其月柱為丙子，丙為神明，子為坎卦、為豕、為北極，那不就是「放下屠刀，立地成佛」的「玄天上帝」嗎？所以我說：妳前世在武當山修練，因貪色又洩露太多天機才會再來投胎，那些好兄弟就是前世的同修。這些看似是無稽之談，但當時有許多人在場，觀她樣貌，跟道觀之道士簡直是一個模版印出來的，因而對觀象理論讚嘆不已。

乾造

年　戊戌　二二癸亥

月　庚申　三二甲子
日　乙酉　四二乙丑
時　辛巳　五二丙寅

地支申酉戌三會金局、時柱巳半合酉金，乙木無根又與庚金合化金，滿盤金氣！若以傳統八字論，當為棄命從官格，事實上，此人在金屬加工廠上班，工作穩定。

觀象論法：由申至酉為官星化進神，三會局為一群專業人士聚集，亦主工作穩定、同伴情深。此造重點在乙庚合化金，不化就如同業務人員，必須經常性尋覓商機，有化則是穩定但一成不變！乙庚合化金就是「仁義兼備」，丙寅大運時，柱限已至時柱，構成丙辛合又寅申沖；凡命盤與大運形成天干五合皆有災眚，該運有位久年好友上吊自殺，致使他傷心過度，當時親手將遺體抱下來，之後竟然被陰煞卡到，導致小腦逐漸萎縮。十餘年來一直檢查不出病因，到處求神問卜也無濟於事。

壬寅年初其妻經友人介紹前來拜訪我，我說必須將亡魂陰煞送走，且要化解怨氣。我告訴她，此人中規中矩、不喜漁色、做事盡責，幾乎不太碰妳，她頻頻點頭。我接著說：因前世他是太監（乙屬震卦，化金為去勢）、妳是宮女（夫妻宮酉為妾、為隨侍），前世相戀卻無法傳宗接代，所以相約今世要來傳續香火，目前育有兩男一女。她聽完之後目瞪口呆！幾十年來她都一直以為先生不愛她，聽君一席話後，沉積在心中的大石頭終於放下了，最終破涕為笑的離開。

坤造

年	**乙巳**	**二八己丑**
月	**丙戌**	**三八庚寅**
日	**甲辰**	**四八辛卯**
時	**辛未**	**五八壬辰**

月柱丙戌至日柱甲辰，地支戌辰沖為遯而後復，婚後夫家經營工廠，育有兩子，生活尚屬安逸。三十八歲上庚寅大運，於甲申流年時天干並見甲丙庚無妄之災而離婚，因甲木見未為偏財！接著步入辛卯大運，與月柱之父母宮構成丙辛天干五

合，母親於二〇一九己亥流年往生。凡大運與本命構成天干五合者，皆易有災眚。

三十歲前甲木剋月支戌及行己丑大運都是好運，之後見辰、未土皆不得地，故現今胸無大志，生活得過且過。唯甲辰柱生辛未時者，長得嬌豔、有些才華，所以異性緣還算讓人羨慕；但甲木剋辰未土皆主「借地而居」，在感情上難免有委曲之嘆！

坤造

年	辛亥	一九辛丑
月	己亥	二九壬寅
日	辛丑	三九癸卯
時	丙申	四九甲辰

年柱與日柱元神皆屬辛金，又生於立冬，三歲再逢癸丑流年，導致天寒地凍，該年因發燒而引起肺炎，致使至四歲甲寅流年時脊椎形成側彎，四肢也發育不完全。

亥亥刑容易重複學一些無意義的事情，但亥畢竟終於丑而能「**履霜堅冰至**」，所以能在惡劣環境中學得一技之長，自己能獨立謀生，生活雖不富裕，但還算過得去。

坤造

年	**壬戌**	**十庚戌**
月	**辛亥**	**二十己酉**
日	**庚申**	**三十戊申**
時	**丙戌**	**四十丁未**

官星丙火與元神庚金本互為同人，象為「**兩人同心，其利斷金**」，奈何丙火見庚又合辛金，丙庚辛會致使「夫妻反目」，於三十七歲二〇一八戊戌年底離婚。月柱食神當令時即育有一女，但丙辛合為「**密雲不雨**」，此際雲霧依然棲息在戌山，所以離婚後仍與前夫住在一起，至庚子流年底又生一女，辛丑年底也再度傳出孕事，此象乃年柱壬水通根在亥、通根為可掌握之事。

坤造

年　戊午　十四己未
月　辛酉　二四戊午
日　癸未　三四丁巳
時　壬戌　四四丙辰

天干齊見「壬癸辛」，從小就能和第三空間事物交感，也能看得到無形界的事物。三十歲被一高僧封住第三隻眼後，雖然已看不到，但依然能感應得到，也因懷敏感體質致使至今未嫁，但辛丑流年又並見「壬癸辛」，又再度能看得到了！

母親於庚子流年因癌症往生（父親尚在），因為爺爺是被招贅的，所以神明廳供奉三個祖先牌位，近期已將奶奶的移到廟裡了。

乾造

年　癸巳　三八庚戌
月　甲寅　四八己酉
日　丁未　五八戊申
時　甲辰　六八丁未

丁見甲木為用，乃「**射雉一矢亡**」象也，即一箭雙鵰、命中紅心，因丁火長生在酉，可有效率的指引甲木至西方而獲得果實。此人從事合板製造，在南洋及大陸皆有設廠，產品行銷全世界，且有四個老婆，臺灣一個、大陸一個、馬來西亞兩個。

壬寅年甲辰月諮詢可否遷修祖墳，我問他祖墳是否坐落於平洋龍上，他回說是在自己南部的土地上。月柱甲寅日柱丁未，寅中暗藏戊土至未中己土為化進神，為平原一凸象也，乃千里來龍結一穴。因見大運丁未與日主伏吟，故諫其不可妄動。

此墳坤山艮向，之前有諮詢地理師，曾交待若要修建不可兼未。視該造若兼未，就會與命盤之未形成伏吟，恐傷及事業和身體，所以建議整修外觀即可，切不可遷葬。

乾造

年　乙未　二六癸未
月　丙戌　三六壬午
日　己未　四六辛巳
時　丙寅　五六庚辰

月干丙至日支未暗藏丁火為印星化進神，少年時期功課佳，因此畢業後就在學校當老師。二十六歲行癸未大運，形成癸水剋丙印，又逢戊辰流年與月柱構成辰戌沖，此年辭去教職。

月令丙戌乃日幕時分、光明已陷，故開始學習風水命理，自己也開葬儀社，作一條龍服務。

坤造

年	甲子	六丙子
月	丁丑	一六乙亥
日	庚申	二六甲戌
時	壬午	三六癸酉

壬寅年丙午月某大師來訪，討論網路教學事宜，並拿此命盤出來詢問此坤造如何？觀察後回曰：此人非常能幹，允文允武，他馬上回答正是如此；我再曰：但此人婚姻不好，一直都沒有結婚。大師又問：此造財官相生，為何婚姻不好？回曰：年干甲木為正財，代表賺錢能力好，但月柱丁火為偏官，婚姻上會委曲求全（是不是小三就不方便問了）。驗證幾個命盤後，久濡五術的大師，終於對正偏相反的理論好像逐漸能接受了（因看他一直在作筆記）。

接著繼續討論，我說這個人無論處理內部、或對外的交涉能力都很強。大師忍不住說：此造是大陸山東人，能力非常強，目前的職業是我的助理，幫忙處理大陸上課及客戶事宜，並稱這幾年來跟他配合，已經買了四棟房子。好奇之下又追問學理是怎麼論出來的？

本造有丁庚癸，即日柱「庚金」見月干「丁火」，又逢年月地支暗藏「癸水」，這個現象屬於內部事物，此格局猶說客一般，不費吹灰之力就作戰成功了！月日時並見「丁庚壬」，我常比喻成將軍作戰、血流成河，即要御駕親征才能獲得勝利。其中的差別就在壬乃流動之水，所以也屬對外的能力；此格局兼具了：用丁、是屬於比較文質性，見丙則比較武質、且勞碌。

坤造

年	乙亥	八癸未
月	壬午	一八甲申
日	己卯	二八乙酉
時	乙丑	三八丙戌

好奇之下大師又拿出一張命盤來研討，問此坤造如何？我說這是一位才女，天生的老闆命。他興奮的說：這是我女兒，自大學畢業後從不曾去上過班，自己也開了一家電腦彩繪公司，並拿出她的作品，可能是太高興或不自覺的想炫耀一下；我看她的作品栩栩如繪，就好像是照相機拍的。說她今年設計一款手機套，推出後就賣了二千個，重點是一個還一千元起跳。

本造滿盤正的官印，只有壬水是偏財，所以事業能力強；但今年逢壬寅劫煞流年，失戀了還得憂鬱症，我只好送他能量八卦產品（年支亥水至月干壬水為偏財透干，乃我不能掌握之事）。我一直強調福禍本相隨的觀念，世界上幾乎沒有十全十美的八字，或許過於完美，也就不用來投胎做人了。

第六章

化進神和退神應用

所有事物皆會呈現「進化」或「退化」現象，此謂進退神論。「**天開於子、地闢於丑、人建於寅。**」論斷時要以寅支定為始點、丑支為終點。凡逢五行化進神者謀事順遂，化退神則諸多阻礙。命盤中遇相同的五行時即可作比較：例甲寅至甲戌為化進神，乙卯見乙丑亦為化進神；反之，戊戌見戊午為化退神，己酉見己巳亦為化退神。化進退理論不須找用神皆可斷驗，如甲至乙為木化進神乃取自然現象，即將甲視為樹幹、乙當做枝葉，象為幹逢春則茂展，可契於大展鴻圖，但也易樹大招風，此乃「福禍相隨」之義。

化退神的理論大致與沖同論，但沖為「**子午、丑未、申寅、酉卯、戌辰、亥巳**」，反之，「**午子、未丑、寅申、卯酉、辰戌、巳亥**」則可視為對待，不須以沖論。所以農民曆中合婚不宜配刑沖實在害人無數，因沖也是五行的一種互補，如子午為「經」，乃遵循天道；卯酉為「緯」，是人倫象徵。例乾造屬馬、坤造屬鼠；乾造屬兔、坤造屬雞，皆不以沖論，婚後必定恩愛。唯刑主思想不同，以合婚論，其傷害往往會大於沖。

進化退神或六沖並非絕對會影響成就高低。進化退神可分為兩個階段，即年月為「先天」、日時為「後天」，倘若年月化退神，祖上易出現狀況，如有香火、雙姓、倒房問題，以及少年時期謀求不順遂；但若日時化進神，三十歲或結婚生子後，就會漸入佳境。

化進神或地支對待者，必然是順應春秋之道，故其人較忠厚老實，謀求階段也會比較順遂；化退神或地支呈現六沖者，主人事多阻滯，也容易為了功成導致不擇手段，但也不一定象徵是壞人，只是該柱限階段會陷入苦境。

四柱化進退神應用，例日主為己土，地支逢巳至午；庚辛日主天干逢戊至己或地支遇辰至戌，此人必定學業好或居住的房子大；丙申日生酉月為「財星」化退神，於三十歲前後，必定財運或感情不順。日主癸卯、時柱癸未，此象為癸水化進神，水主言律，以此謀職可事半功倍；年柱癸卯、日柱癸丑，亦可視為癸水化進神，但木依然會有傷害，乃因大部分的乙、卯木不能過冬之故。戊寅日生乙卯時為官星化進神，事業必定越做越大；坤造乙卯年戊寅月戊戌日，此為官星化退神，二十三歲前必定感情不順。地支主季節，亦主最終的追求目標，倘若天干化進神、地支化退神，則為外表順利、內心多阻礙。

日月循環因有其終始點方知晝夜進退，所以可將其歸納為進退神。化進神：「**寅至卯**」、「**辰至丑**」、「**巳至午**」、「**申至酉**」、「**未至戌**」、「**亥至子**」六組，化進神可事半功倍。化進神之十神為何，主該項事物的特能是與生俱來的，亦可選擇化進神的五行謀求，則有事半功倍之效率；化退神：「**卯至寅**」、「**丑至辰**」、「**午至巳**」、「**酉至申**」、「**戌至未**」、「**子至亥**」主事倍功半，但上天是公平的，若能「勤以補拙」，其思想領域較高，乃因浸時久也。

有形為質、其質順行，無形為氣、其氣逆行，故化進者可獲得實質物資，化退者宜享精神糧食。天生我才必有用，論命時要以循循善誘、開導取代惡言恐嚇，如此方能締造功業。

丙午丁
未坤申
庚酉辛
戌乾亥
壬子癸
丑艮寅
甲卯乙
辰巽巳
離
坤
兌
乾
坎
艮
震
巽

第一節　化進神

八字學理有諸多格局和喜忌論說，公式既繁雜難記準確度又不高。所有事物的吉凶現象都是比較而來的，無論是初學或久濡其道者，可大膽的把五行歸納為「化進神」及「化退神」，這個法則既不用背公式又相對精準。但是所有事物皆有「變易」，待精進後還是要以觀象法則為主、進退神為輔。命盤中逢化進神之天干，可以用該五行的形態謀職；逢地支化進神，事業往外延展越遠，成就相對也會較高。

一：「寅—卯」

自然財星化進。寅是立春、亦如樹幹；卯是驚蟄、亦為枝葉。寅根深植土中，卯葉隨陽而長，乃開枝散葉象也，利於有形事物之推廣。澤風大過卦九二爻曰：「**枯楊生稊，老夫得其女妻，无不利。**」**枯楊生稊**（音題）：樹幹環節。老樹逢春，其樹幹環節處會再萌新枝，故此進神易衍生出桃花現象，且容易再添子女。

將寅卯化進神導於風水，為門開吉方且有生氣，即「**木生火而生聰明奇士**；

火見土而出愚鈍頑夫。」木數為三、火數為九，三九相會即木生火、為耳聰目明；火數為九、土數為五，九五相會為紫黃毒藥，如明夷卦初九曰：「**三日不食**」，乃因明夷卦火土相重。「病」字係因「丙」之火氣大而引起胃口不良，即火毒入及脾胃，又因火土旺必水弱，水為智，故出愚笨、遲鈍之人，也因明夷而喪明之故。

二：「巳—午」

自然官星化進。火主公正無私，利功名或公家機關，火落陷則為廟宇事物，因火「有形無質」，攸關通靈玄學類事。離為火卦六二爻象曰：「**黃離元吉，得中道也。**」離卦居子午正線、不偏不倚，為人公正無私，且易得磁場護庇。

將巳午化進神導於風水，為明堂秀麗開闊，且得旺氣入宅，即「**苟無生氣入門，糧艱一宿；會有旺星到穴，富積千鍾。**」門入衰絕之氣、生活艱困，得吉星旺氣、富貴有餘。宋朝賴文俊在《催官篇》云：「**亥山一丈可致富，巽水一勺能救貧。**」亥山歸屬後天乾宮，與巽山相對為道（即六四），這種地形會構成山澤通氣，形成一股巨大能量。亥歸屬先天艮卦、後天乾卦，而乾卦主富，又因先天為體，故亥方宜高，可導戌山來水以得亥山之貴。巳為巽卦、主「**近利市三倍**」，故收巽水可救貧。定龍脈入首是在過峽處下羅盤，看龍脈從二十四山中何方位而來，便是何龍入首。

三：「申—酉」

自然比劫化進。申至酉天象為「**月幾望**」，即農曆初八至十五之月狀，此際逐成滿月，契於事物為即將圓滿；地象為果實即將成熟，象徵成果唾手可得或可藉朋友助力成事。但申至酉必須經過七月颱風的考驗，至八月才能獲得果實，所以過程亦含風險，也容易演變出桃花，即澤風大過卦九五爻曰：「**枯楊生華，老婦得其士夫，无咎无譽。**」（華，音花）：光彩。木生長至秋季，樹上已見纍纍果實，顯得光彩奪目；**老婦得其士夫**：於九二爻時謂女妻，但巽兌少女晉至九五已成老婦了。秋季亦會出現高溫，致使樹木再萌新枝，但所萌新枝已無法結果了，喻懷資老婦想再尋求年少伴侶，但是已無法生育了。易理純屬評論自然現象，故語之「**无咎无譽**」，即老來尋伴雖難評功過，但終究難以獲得美名。

將申酉化進神導於風水，即明堂秀麗開闊，且得旺氣入宅，即「**火克金兼化**

木，數驚回祿之災；土制水復生金，自主田莊之富。」火金木即丙庚甲相遇，會有無妄之災。土剋水的格局最佳，但水要「利西南」，丑未會沖出辛金，子午沖亦是。乾造：「**辛未、庚寅、戊午、戊午**」戊午、戊午之中要夾甲子柱，格成土下有水（偏財）、正官加偏印（房子），即有自己的事業（甲為正官），也靠收租致富（由寅中之丙至午中之丁，為印星化進神）。子水得年月庚辛發水源，又因干透甲木，故不以「**山下有險**」論（因甲木猶肝臟可濾毒）。宅基乾山巽向，命盤由戊至年柱未，故水局為右水到左（水由高至低流），大門開巳又納午未方之氣，形同巳午化進神，故可「**自主田莊之富**」。

四：「辰—丑」

自然印星化進。丑主艮卦、為高山，此季是冰天雪地；辰為水庫、為春季，此際高山凝結的堅冰即將溶化流入水庫，義含「守株待兔」或「漁翁得利」。

將辰至丑導入風水，丑為祖山來脈，辰為彎曲河流、亦為界水則止。陽宅宜注意地勢落差、明堂深陷。即「**乘氣脫氣，轉禍福於指掌之間；左挨右挨，辨吉凶於毫芒之際。**」堪輿風水會影響本命格局的成就高低與吉凶現象，所以要仔細推演，因吉凶禍福只在毫釐之差。乘氣脫氣、指立極於合運或失運之中，左挨右挨、指根據山水形勢而確定立向與兼度，以達到最佳格局。

五：「未—戌」

自然印星化進。未域火旺、戌為秋收火庫，這兩個地支皆火土炎燥，涵急切事物。火地晉六二爻曰：「**晉如愁如，貞吉。受茲介福，于其王母。**」六二居坤土之中，得上卦離火照射，溫度已滲入土中，猶未戌皆暗藏丁火；主可得家神護持，亦可供奉王母娘娘、土地公、王爺。

將未至戌導入風水，即來龍剝換開陽化穴、亦主厚下安宅，即屋得後靠，但宜防周遭壁刀、刑煞；未至戌為回龍顧主、陽宅會臨小巷，且易有鬼風。戊己為中央土，即「**一天星斗，運用只在中央；千瓣蓮花，根蒂生於點滴。**」戊己為中宮天心的立極點，入中之星分陽順陰逆，飛星確定了，吉凶禍福就有了依據，再配合巒頭便會產生旺衰情狀。

六：「亥—子」

自然食傷化進。水為言律，亥主流動的水，而子為靜止之水，形態為涵養後再往外尋求舞臺，可用言語與智慧謀求、推廣。坎屬幽域，宜祭拜祖先和地基主、好兄弟。

將亥至子導入風水，為水繞玄武、彎抱而過，雖陽宅收吉方水之氣入宅，但屋內猶嫌過深而陰暗。先師李胡山的乾女兒陳老師，分享了本學理的實際案例如下：何老師我要分享一下，姪子考前去拜以日元推算的守護神，家裡暗的浴室二十四小時點黃色的燈，加上電風扇循環室內的氣，真的考上台中一中喔；又有一個癌末又染疫的客人在加護病房，太太也求助守護神，已安然度過危險，本來太太是想放棄的；還有一位肺臟移植，也請他太太去拜他先生的守護神，壬寅年二月底完成移植成功了。何老師您的睿智和不藏私的學問，真的救了許多人，感恩！

至於水有什麼功能，我們且看這段：「**木傷土而金位重重，雖禍有救；火克金而水神迭迭，災不能侵。**」土重或地勢高低會形成庚辛金來剋木（地形落差會形成氣流），但有戊土高山就能阻庚風剋木而逢凶化吉。水能化庚金之煞氣而不傷甲木（俗云通關）。我們的學理以丙丁剋金而見壬癸時，謂「將軍作戰成功」，既自然又不會僅淪於死背公式。

第二節　化退神

化退神為「**卯至寅**」、「**子至亥**」、「**午至巳**」、「**酉至申**」、「**丑至辰**」、「**戌至未**」六組。化退神是事物退化現象，逢此事倍功半，宜汰舊換新或追求思想領域之物。

一：「子─亥」

自然食傷化退。為巧言令色或常因言律不當而得罪人，亦主「**有言不信**」，即言論不易受重視，故不利行銷事業。坎為陰邪幽域，宜防地基主、好兄弟作祟；若見亥子酉時則為外靈入侵（命盤干支並見皆適用）。

逢子至亥化退神者，倘若諸事不順，宜改善陽宅大門，通道過長中間部位要點黃燈，後門處也要留意弊端，且不宜見水。即「**雞交鼠而傾瀉，必犯徙流；雷出地而相衝，定遭桎梏。**」雞為酉屬兌卦、為七；鼠為子屬坎卦、為一。坎卦主陷，又與兌卦同宮，即坎水入于兌澤之中而能「**安貞吉**」，若七一相會地勢又傾瀉，主居無定所或流落他鄉，乃水溢出澤象也。雷為震為三、地為坤為二，二三相會為鬥牛之煞，主爭強鬥狠而觸犯律法。雷地豫卦是震坤相重，初六曰「**鳴豫，凶**。」初爻之上互艮、與下卦坤形成丑未沖，甲或寅之基逢此沖易有官訟之災。

二：「卯—寅」

自然財星化退。卯寅化退、求財艱困，人際關係不佳。宜改善個性，要先利人才能利己，以求取利益，且要多祭祖、追溯祖源問題。

將卯至寅化退神導入風水，為容易逢路衝或三叉路，大門來路也不對，即「**不知來路，焉知入路，盤中八卦皆空；未識內堂，焉識外堂，局裡五行盡錯。**」來路指形局來氣，入路指納氣之大門。陽宅若分不清形局來氣與納氣之口，就無法納吉星旺相之氣，則宅中的飛星與八卦就毫無用處。陰宅內堂為內明堂，陽宅從進門到客廳為內明堂，宅、墓前為外明堂，如內外不分或內外不合，就是無用之局。

三：「午－巳」

自然官星化退。不利功名或公家機關。玄學通靈者，謹防走火入魔或身體抵抗力不強而犯陰煞。

將午至巳化退神導入風水，為明堂雜亂有型煞，內部格局不佳，宜重新擺設和增強照明度方可改善。即「**陰神滿地成群，紅粉場中空快樂；火曜連珠相值，青雲路上自逍遙。**」陰神指二坤、離卦為九、紅粉主兌七，兌為酉為少女，酉逢炎燥火土則會致蟲而腐敗，又逢案砂破碎，主桃花淫亂，多生女孩。火曜：指峰起文筆，一六八相會於文筆峰方位，主科甲功名，官場駕馭自如。

四：「酉－申」

自然比劫化退。酉至申之象為果實即將成熟時遇颱風摧殘，喻容易因過於投機或得意忘形而前功盡棄，才會致使八月果實剝落於地。金主義，此因亦含不義之舉或異動而遭損失。

將酉至申化退神導入風水，周遭風煞大，臨暗巷、鬼風，即「**山風值而泉石膏肓；午酉逢而江湖花酒**。」艮山為八、巽風為四，值八四相會，八為山為隱、四為山林，故而主隱居避世。八四為山風蠱卦象也，乃因山阻風行而致蠱，易患癌症。子午卯酉為四正桃花位，午為九、酉為七，九七相會不易有回祿之災，但主酒色、愛好青樓。

五：「丑—辰」

自然印星化退。丑土懼辰，因冰山所溶之水會流入辰庫，如同財物被劫一般。辰為春征季節，若鄰冬藏丑地，象猶休耕，常因主體本質不良所致。丑是地獄、辰是枉死城，丑辰並見酉金就是幽靈的轉運站。支逢亥子水則為群陰所聚，宜慎防邪靈干擾。

將丑至辰化退神導入風水，為門納凶氣又臨暗巷，周遭低陷，即「**土困水而木旺，無妨；金伐木而火熒，何忌**。」星逢衰死，又土剋水，造成水多土蕩，易患耳病、腎病等，若得甲乙木護土，可解水被剋之危而「無妨」。

六三、六四、七三、七四相會，遇衰死，金剋木則長房受損，如遇九到，成六三九、六四九、七三九、七四九之局，則金不能剋。

六：「戌—未」

自然印星化退。戌至未雖化退，但戌為遯退以蓄養，至未即可再發揮成事。地雷復卦上六曰：「**至於十年不克征**。」即上六爻變則成艮，應用時為：戌土高山逢未方可開墾成肥沃平原，因由戌支至未支其數為十，故需待「十數」方能征之。但必須改變原來地域或事物，可往東北或西南發展，才能顯現功效。

將戌至未化退神導入風水，周遭多型煞，廁所壓吉方而人事不合、多疾病，即「**吉神衰而忌神旺，乃入室而操戈；凶神旺而吉神衰，直開門而揖盜。**」當運之星卻破碎或宅之廚廁壓吉星，或當運之星被衰死之星包圍，宅基周遭逢刑煞沖剋。失運凶星卻處旺方，即成「收山出煞」之反局，無異於引狼入室，致使同室操戈而敗。

第三節　格局應用

一、五行純陽純陰

易理以眾者從寡為用，以示一君眾民，因而陽卦多陰、陰卦多陽，此法契於五行干支亦神準無比！歷來八字學皆以「從格」、「強弱」、「通關」、「調候」做為理論宗旨，當然也有斷準之時，但一些大師級命理師常因擇取格局而爭論不休，真是「**又誰咎也**」！到底是遵循古著有誤，或是自己功力不足所致？針對這點，命學者當需深思探究，否則再回首已百年身矣！

例「**甲申、庚午、甲戌、壬申**」八字看似純陽，實乃七陽一陰，思想行為要從陰，故以午火「傷官」論之則驗；「**庚子、庚辰、丙寅、丙申**」八字看似純陽，但子水陽體陰用，故偏官乃其一輩子糾結的課業；但八字以寡為用，而子水是唯一的陰支，所以比較有出息的人會出現在祖輩，唯憾只得偏官終究無法掌握！「**乙丑、癸未、癸丑、丁巳**」八字看似純陰，但要以巳火偏財為用，即錢財感情是一生的追逐目標。「**癸卯、辛酉、辛酉、辛卯**」八字看似純陰，但可將卯木視為震卦之陽木，命盤中呈現酉卯沖，會為了卯財而不擇手段。

二、通根透干

相同的天干五行落在後柱的任一地支皆可稱為「通根」；反之，相同的地支五行見於後柱的任何一天干則皆謂「透干」。通根主「我可以掌握之事」，透干則為「我無法掌握之事」。八字的年柱主先天遺傳基因，若由地支透干於日主，可追溯至祖源及前世記憶和果報，喜忌現象則要綜觀整體命盤。

乾造：「**壬子、乙巳、己亥、庚午**」年柱壬水通根於亥，錢財不缺、異性緣佳，但因只得偏財，所以一生慷慨、財來財去，近五十歲了尚未成家；月時地支巳午印星化進神，乃清華和北京大學雙博士。艮為山卦象曰「**兼山艮，君子以思不出其位**」，命盤中暗藏的地支若透干於日主，或大運逢之皆易有災眚，應小心防範；尤其中老年人，於前一運中就要好好保養身體。

三、交脫大運

書云：「**男怕交、女怕脫。**」又云：「**傷寒換陽、行運換甲，換得過是人，換不過是鬼。**」若將命盤視為一部車子，大運就如同道路，交脫大運猶如行車即將轉換道路；怕交、脫是擔心一旦車況或路況不佳，車子就容易在半路拋錨或出事。陽者主動、陰者主靜，乾造於交入大運前的二、三年左右，容易出現狀況，宜視流年參審；坤造在交入大運後的二、三年左右也容易出現狀況。交脫大運前後皆易殃及六親或自身，應期可參酌天干五合或地支合中逢沖、沖中逢合的流年。

四、六道法則

一陰一陽之謂道，道者「剋」也。天干有「十」、其道有「五」，地支「十二」、其道為「六」。天干道路為「甲庚」、「乙辛」、「丙壬」、「丁癸」、「戊己」；地支六道為：「寅見申、卯見酉、辰見戌、巳見亥、午見子、未見丑」，與此序相同為對待關係，反之則可視為沖。老子曰：「**有之以為利**」，此為對待、為有形物質之增；「**無之以為用**」，此為沖、為無形之長。地道由艮坤劃分陰陽兩氣，並以東方為陽、西方為陰，東西兩氣交感便生吉凶，而氣驅質行必為因果所致，故觀其「道」則福禍明矣！

第四節　格局總論

一、陽刃論斷

陽刃為：甲見卯或乙、丙見午或丁、戊見午或己、庚見酉或辛、壬見子或癸。陽刃為刀，見陽刃化進神，為善於操刀之人，化退神則為受傷或自殘。例：月柱「甲辰」日柱「丙寅」辰中乙木逢寅中甲木為化退神，此人懼內，婆婆也拿媳婦沒辨法，乙至甲亦代表婆媳立場反悖。

水為自然「食傷」：子至亥為化退神，主追求事物受阻；水也為車，宜注意行車和投資追求諸事。

火為自然「官星」：丁至丙為化退神，主沒責任感、虛火大、牙齒不好，宜注意香火事宜。

木為自然「財星」：乙至甲為化退神，主錢財感情不順、人事不和，宜注意雙姓祖先事宜。

土為自然「印星」：己至戊為化退神，主多付出少回報，宜注意土地文書及風水事宜。

金為自然「比劫」：辛至庚為化退神，主兄弟姊妹無助，宜注意手腳肝膽及幽靈事宜。

二、五行消長

易云：「**天開於子**」、「**地闢於丑**」、「**人建於寅**」。寅為萬物之始，故論命要以「寅」支為始、「丑」支為終。例：月為「寅卯」、日為「巳午」，此階段謀事順遂。

論土時則要以「丑」為始點，見丑至未為「**先迷後得**」，主不願受限於環境而變動。「丑」為荒郊僻野，「未」是經過開發後的市區；「戌」域主遯，見「未」即可發揮遯蓄所學之專長。

論天道經度之氣以「子」為始，即丙火胎於子、丁火則絕於此位，命格並見丙丁，行運至此域思緒便會更替。

論地道緯度之質以「亥」為始，即甲木長生於亥，乙木則死於此位；易云：「**剛柔始交而難生**」，故逢「長生」之位必定有難！六十甲子相重後，逢長生之干支為：「**丙寅、戊寅、壬申、癸卯、丁酉、己酉**」，其難則視該柱地支交媾現象而論。「長生」與「死」都是陰陽交替之位，逢之，事物皆會終始輪替。

三、八字取卦

命盤中每一柱都可以和鄰柱交易，例：「酉未」並見可取象為「**山風蠱**」，即果實置於高溫之地，便會加速腐壞長蟲。以行為論可視為迷失，如八大行業象也；若得急病，可交錯取象為「**澤地萃**」，萃主陰氣聚集，可判斷為犯陰煞；老年久病，則可推斷為五臟惡化（應用於陽宅時可論為坤宅廁所壓兌宮）。

天干見丙戌可重卦為「**火山旅**」，象為太陽游移山川之上，乃搭乘飛機、行遊於外。論交通工具時則宜視驛馬干支，例：丙寅、庚寅，可論較慢的交通工具，而庚申、庚戌則為較快的交通工具。

例：己巳日乙亥時，可交叉取卦，將「己」加上「亥」，則成為「己亥」，此人必因求財而「**征邑國**」也，因巳亥為太陽交錯運行之地，所謂日月進出門戶。

「辛卯」日生於「子亥」月，象如震卦：「**震來虩虩，後笑言啞啞。**」木屬震卦、長生於亥，成長過程必須經歷艮宮寅支（虩虩：猶從老虎身旁走過），至春方能茁壯，象為卯木若滯留於冬，必因內部驚恐而奔逃於外。

四、占斷應用

問事或有任何突發狀況，也可做為占斷應用，應用時可取當下的八字命盤論斷即驗。倘若所占事情具前因後果，宜取四柱之「**根、苗、花、菓**」以尋根究底。單純或相對性問題，可契合命盤中某一柱符合問事之需，立太極後再與鄰柱比較即可。

若事情具延續性，可取前後時辰輔斷；例：丙申時問行人返否？丙與申的情性皆屬驛馬，因此際太陽已遂漸西傾、丙庚又主「同人」，故可論「丁酉」時必定返家與家人共進晚餐。

於「乙巳」日「癸未」時問賽鴿返否？可斷鴿子於途中飲水，乙酉時必歸（未至酉為先迷後得）。若見「己未」可斷鳥被網住，因未為坤卦為布、織網之意；

「甲申」時問，可論乙藤蘿繫甲、隨它隊而飛；「巳申」合則為途中遇亂流，迷失歸返之路。

五、四正位與四隅位

四正位為「**子午卯酉**」，四隅位為「**寅申巳亥**」與「**丑未辰戌**」。命盤中四正地支多現，「應期」易出現在四隅流年，如同陰陽交媾而生吉凶之義。例：「**戊午、壬戌、戊午、戊午**」，本造出車禍理當應於戊子年，事實卻發生在丁亥年，乃因命盤四正與四隅地支交媾之應用。

六、六親斷法

艮為山象曰：「**兼山艮，君子以思不出其位。**」思：五行屬土，土有「辰未戌丑」，「**不出其位**」指土中的暗藏人元出了問題，所以不能出其位。例：乙木日主、命盤見辰未土，土中暗藏乙木若逢刑沖或土不能育木時，此命盤必有兄弟姊妹夭折或身體有殘缺，所以只能藏在土裡、無法出其位，若再逢乙木透干之流年則有災。甲乙或壬癸日主見戊辰時，辰支暗藏乙、癸，逢此必有兄弟姊妹夭折（枉死城），本身於該柱行限時亦多災眚。

宜把握「辰未戌丑」的特性，如辰為冤枉之象；戌為頭部，見水土剋害、主智障；未丑則為肢體、行動。能活用此形態，即可輕而易舉地推斷出細微現象。

第五節　實戰應用

一、擇日應用

擇日須吻合「用事」現象方能感感而應。例：許羽賢大師研習易經八字後契擇「丁巳」日課造葬，用事前就告訴事主會有「鳥」或「飛機」飛過，果應七架軍機低空掠過（火為國、數為七；丁巳主小過卦，辭曰：**飛鳥遺之音**，故應低空飛過）。另一則例子（提親擇日應用）：我的學生蔡春立跟我研習易經八字，某日替友人擇「甲戌」日用事去提親，事前即告知，出門至台中提親會遇到三隻狗

（其中會有一隻是黑色的），以及往返的途中會經有三山國王的廟宇。提親當天果應先前所提的情形，事後友人回說自家就養了一隻小黑狗，沒有告知就是想說要印證是不是真如他說的會遇到三隻狗，結果到提親的親家門口真的又遇二隻，又其親家是相當道地的客家人，家中就安奉三山國王神像祭拜，讓友人嘖嘖稱奇的反饋給他。

擇「安神」日課時，倘若主事者家中安三尊神像，可用甲戌日，因甲之河圖數為三，戌中藏戊丁辛，丁乃丙火酉傾後所形成的磁場，此象可接引天氣於此；安佛堂則可用「辛酉」日。符合用事現象，即可應乎天地而長保安泰。

二、十二經絡

甲膽乙肝丙小腸；丁心戊胃己脾鄉；庚屬大腸辛屬肺；壬屬膀胱癸腎臟；三焦亦向壬中寄；包絡同歸入癸方。肺寅大卯胃辰宮，脾巳心午小未中，申胱酉腎心包戌，亥焦子膽丑通肝。

陽干為表，徑行「經絡」神經系統，人體百分之九十以上的病症由神經系統阻塞引起；而陰干屬氣、注於五臟，當氣脈不暢時，必逆積於「五臟」，理當先暢氣後再服藥則癒。

三、子午流注

流者往也，即子時一刻一陽生，午時一刻則陰生。陽干納於三焦、陰干注於臟，又陽日氣先行、血後隨，陰日血先行而氣後至也。

子－午為「經」，主陽氣路徑，屬經絡神經系統，氣若納於三焦，則傷於表。卯－酉為「緯」，主陰氣路徑，若陰氣注於臟便易傷於裡。

四、天干五合應用

五合是由十天干組成，能否合化當視節令而定。陰陽合和之義謂「**得氣而化者昌，失氣不化者亡。**」天干合而化之可生化萬物，合而不化則無造物之功，主一生雖有凌雲壯志卻無法實現理想。

例：日主丁火，見壬合丁，壬為「官星」，二者合化為木氣之「印星」，應用時無論命盤是否見木或是否合化，皆會有木的思想（氣）；倘若能合化，則會產生該種行為（質），不能合化則也只能想想罷了！人必定是思而後動，故曰觀其氣即知思舉為何！天干合化的地支如下：「甲己見戌丑」，「乙庚見酉」，「丙辛、丁壬逢春夏」，「戊癸見春夏」。

道為天體運行規律、即五運六氣，它是來自「候」的觀察，也強調「道」及「候」的整體統一性。運氣學云：「**天地陰陽者，不以數推，以象之謂也**」，即「象」可道出四季天候變化規律，而氣候未必能道盡所呈現之現象；又曰：「**天地之大紀，人神之通應。**」能窺曉天地變化，將之契於生活瑣事，則此人堪稱神通廣大。自然界包羅萬象，甚至可論及前世今生之因果延續，更可擴及鬼神事宜。

有一個現象值得去探索，一般發生天災的干支，大多與水火有關，如九二一「**己卯年、癸酉月、丙子日**」；九一一「**辛巳年、丁酉月、丁丑日**」；四川地震「**戊子、丁巳、壬子、甲辰**」，綜觀現象，水火交戰越嚴重災害則較大，乃因水火主天地之故。

五、體用法則

定好格局用神後，常會出現方位或貴人的應用法則問題，逢此要以地支為「體」、為「方位」，天干是「用」，指應用的事項（天干不能代表方位）。

例：丁火為某造官星，亦為喜用神，但丁火卻坐亥水之上，即使亥水不是本命用神，依然要建議他往「西、北」方向謀職，這樣才不會失去邏輯性（因該人南部無親無故）。

例：有人想買房子，其人命盤有「壬午」，倘若壬為印星，也是喜用神，要建議買南邊或買向南的房子，才有利於該人之發揮。

例：南部有位學員，祖父重病至亡故期間，於早一個月前擇「丙午日癸巳時」入斂，問該日天候如何？斷南部有大雨。果驗大雨來襲，導致停棺無法入土。

第六節　命盤論斷

一、四柱合斷

月柱「甲寅」日柱「甲申」，由寅至申雖不論沖，但「申」亦為其驛動主因（契申十神為何而論之）。月柱為「亥」、日柱或時柱見「巳」，此象為化退神，此過程必藏有弊端而需改革。盤中之「亥」無論是喜神或忌神，皆可視為弊端，斷之即驗。

二、流年大運

命盤或大運無論出現哪一柱，皆可依六十甲子中的該柱情性論斷，再核對刑沖現象，即可找出異動原因。

月柱為「甲寅」、時柱或大運為「甲戌」，可判斷中年後或此大運事業有成。日主「甲戌」行「甲寅」大運則為木化退神，謀事易受阻，且難得貴人資助，此象亦不宜與朋友合夥，但也要加入甲寅柱的情性來參考、論斷。

乙未日主行乙丑大運為乙木化進神，可耕而後貞，再用乙丑情性斷目前現象即驗；但見未丑會形成辛金，辛金可判斷為果實，亦可當為壓力，因萬事皆「福禍相隨」。

三、大運論斷

乾卦象徵天干、主男人，坤卦為地支、主女人，故男命較懼「天干五合」，女命較怕「地支六沖」。命格帶三合或六合，逢沖之流年便是「應期」；命格帶沖，逢合之流年便是「應期」。例：丁酉合壬辰，逢丁卯或壬戌流年，便應事業或感情問題。

命盤地支與大運形成六合、三合、三會時，逢刑沖之流年便是應期，欲知何年，可以用暗藏人元透干於流年時斷之！例：命盤為乙未日，未中暗藏「丁」火，而火透干於丁亥流年，該年則應「食神」諸事。

天道主宰人的福禍與壽元，中年後大運與命盤年月柱構成「天干五合」時，六親必遭損傷，此象勿需偈以喜忌用神論之。

四、納音應用

據《呂氏春秋》古樂曰：「昔黃帝令伶倫作為律，並用竹筒長短，分別聲音清濁高低，樂音各據為六，以劃分陰陽，陽為律、陰為呂，合稱十二律。」

黃鐘長九寸，音頻應為羽，五行屬水，節氣屬仲冬，乃應於子支為天定之域，因此黃鐘被奉為律首。統計六十甲子納音後，便可契感天地、行而應乎五行，亦可與五臟共振，陽宅學也有人用風鈴做為音頻應用。

甲子納音始於甲子乙丑海中金，金即乾天也，終於壬戌癸亥大海水，而後天坎水就是先天坤卦，象示萬物由乾天造化後，至終又會回歸大海。乾卦的五行屬庚金，氣始於東方而右行，並以金鑄為器，此聲能響徹雲霄，猶神明代天巡狩時皆會敲鑼打鼓、以顯天威；呂音起於西方而左行，陰陽相錯則生變化。四時始於木，右行傳於火，火傳於土，土傳於金，金傳於水，呂音始於金，左旋傳於火，火傳於木，木傳於水，水傳於土。

納音五行是契合各柱共振的音頻，可能是古時候科學不發達或鬼神猖獗，而藉以療癒心靈或身體。東方木的樂器為鑼鼓，當庚甲之氣無法順達西邊時，可藉此順行之音導氣。而西方金屬為內斂之氣，樂器為鐘鈸，猶超渡亡魂時皆以此器為用；又因古代大致以儒家思想為主，故以下揚音之簫、古琴及善於倣效流水之古箏為樂器。爾今俗儀皆源於古法，只是「**百姓日用而不知**」罷耶。

五、整體應用

六十甲子必須靈活運用，初學時可先依循該柱情性，假以時日後，便可自由發揮，宜從有為法（依循公式）漸至無為法（不需公式），即可契應於人事物中，盼讀者皆能到達「**見群龍无首吉**」之境界。

第七章
滴天髓辨證新解

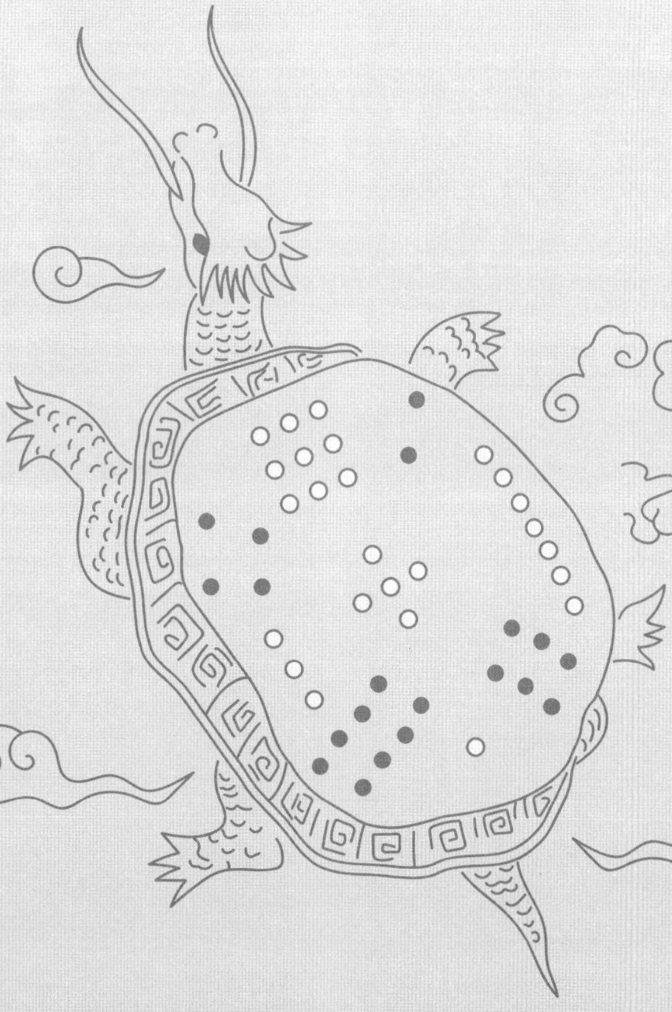

《黃帝陰符經》是學習奇門遁甲必看的一部經典，也是一部千古奇書，從古至今研究此書者從未間斷過。「八仙」之一的張果老及《太白陰經》的唐朝作者李荃都對此書推崇不已，而當代易學研究應用大師霍斐然先生曾以奇門遁甲解釋《黃帝陰符經》之秘，在當世易界無人能出其右。《黃帝陰符經》有句玄機：「**八卦、甲子，神機鬼藏。**」其實於雷火豐卦彖曰已明示：「**日中則昃，月盈則食；天地盈虛，與時消息；而況于人乎？況于鬼神乎！**」拙著《六十甲子象義》即以「易經八卦」配上「六十甲子」來揭曉天地人鬼神的神祕面紗。

天地萬物生成之理本乎陰陽，但陰氣本勝於陽氣，因陽數有一、三、五、七、九，總數為二十五；陰數為二、四、六、八、十，總數為三十，故天地之數五十有五。昔日佛祖講經說法，也只度了五個人，乃因聖賢必然知道天地本乎陰陽之理，故曰隨緣教化，度了五人乃為了平衡陰陽之故。陰者為氣、陽者為質，所有物質都是由氣推動的，猶當今3C產物皆賴軟體驅動硬體一般，又如人類必定是先有想法、再有行為。是故，氣先至而後生陽質；所以僅觀五行之表，卻不知形成五行之氣的原由，如何能洞悉鬼神情誼？如現今命師只能泛泛於情性之說，倘若不知驅動程式，遇困頓問事者，何能探索源由以供解決之道!?

第一節　甲乙木篇

一、甲木

甲木為貪狼星，是北斗第一顆星，卦居先天八卦東北方；後天八卦主震卦（艮震同宮）；易曰「**帝出乎震**」，因甲木得先天艮卦之基而可成為棟梁之材（五行為甲木見戊土）。喜自由自在，個性洒脫，社交手腕好，尤其在異性緣與戀愛經驗上通常會讓人羨慕。所以，特質是興趣廣泛，可謂「有夢最美，希望相隨」。

甲是十天干之首，象義為「坼」（音徹），即萬物破土而由此始生，甲木的自然現象是樹木，應用時可引用為一切事物的源頭或開始。將甲干配上地支後可組成「甲子、甲寅、甲辰、甲午、甲申、甲戌」六柱。《黃帝陰符經》曰：「**自然之道靜，故天地萬物生。天地之道浸，故陰陽勝。陰陽相推，而變化順矣。**」**道靜**：指地球上各類生物皆依地默默地成長，但地道有寒暖濕燥暑各氣，故物種因沈浸在不同區域，就會成就多樣的情性，其性質必然也不同；然而物種吸收何氣，必定就呈何貌，所以觀無形交感之氣，則知表裡矣！是故而「**方以類聚，物以群分。**」因此，「**甲子、甲寅、甲辰、甲午、甲申、甲戌**」，六柱皆植立於不同的寒暑環境，故喜忌用神必然不能同論。

《滴天髓》云：「**甲木參天，脫胎要火，春不容金，秋不容土，火熾乘龍，水蕩騎虎，地潤天和，植立千古。**」

「**甲木參天**」樹木具向陽挺直伸展的特性，但能否延長至天際，首要條件並非太陽，而是要種植在戊土高山才能根深柢固，否則紮根不深，挺直成大樹後反而會崩坍。甲木見戊土為財星，又因木根深鑽才能穩固，故甲見戊理當視為「正財」，象徵其欲掌握的權益是相對恆久的。甲木之人具老闆格，但實際成就之高低，仍須視整體格局而定。

「**脫胎要火**」斗數的四化即似八字中的「十干選用」，實可謂精湛絕妙！因僅用祿、權、科、忌（春夏秋冬）四化便可取代「十干選用」，唯憾知其中玄奧者鮮矣！廉貞屬丁火，甲木見之為化祿，見太陽（丙火）為化忌；因祿為春天，凡陽臨時必有溫度，若用丙火定屬太過，猶如畫蛇添足一般，故謂為「寅巳」刑，逢此必然會疲憊不堪。故甲木脫胎宜見丁火，這樣就不用再去瞎猜了！

水火為育木的主要元素，而火乃是甲木脫胎換骨的必要條件之一，以光譜而言，高頻率是紫藍光、此紫外線為丙火；低頻率是紅橙光、此紅外線為丁火，所以甲木宜見丁火、月光、星辰；又因星辰於日落黃昏之際方得見之，故曰「丁火長生於酉」，逢此機運必然事半功倍，因酉為秋季，樹木生長至秋才能見到纍纍果實，即能獲得成就。斗數云：「**武貪不發少年人**」，武曲星即辛金、貪狼星為甲木，其意為樹木必須成長至秋才能獲得果實（辛金）。

「**春不容金**」這裡的金指庚金氣流，因春季於地支為寅木，而乾卦文言曰：「**雲從龍，風從虎**」，虎為寅木，丙火於此長生後便會逐漸形成氣流，再者，春季溶雪時所生成的寒風，其溫度低於臘月，但現象雖然如此，卻只道出五行表象；䷏雷地豫就是在描述這種景象，六三曰：「**盱豫，悔，遲有悔。**」**盱豫**（盱，音須）：要觀察分析，不要再猶疑不決了。六三與二、四爻互艮，為種核蟄伏在寒冬丑之土下（丑主艮卦），但互艮之六三已鄰上震，冬眠應該結束了，要趕快張開眼睛，因為太陽已經要昇起了！**悔**：雖介鄰艮坤明暗交接之域，但不能再倦怠，宜及早悔過。

遲有悔：春已屆臨，光陰不會停留，若遲遲不耕就會後悔莫及。

丑冬地表一片冰天雪地，種核蟄伏在地下時溫度相對較高，至春臨後則會「寒暑交迫」，才會迫使種核萌長（平日要強迫種核萌芽，可先拿去冰再拿出來種植，如此很快就會萌長了）。所以「**春不容金**」，若用「不經一番寒徹骨，哪得梅花撲鼻香？」或「天將降大任於斯人也，必先苦其心志、勞其筋骨、餓其體膚、空乏其身。」來形容會更加貼切（我們也可藉由前二任總統與諸多大企業家皆是庚寅年生而得到驗證）。

「**秋不容土**」若純以五行概念言，這句話是沒有問題的，因秋季土燥、氣斂，已喪生氣而無育木之功。但秋天是甲木結果、收成的季節，至此雖已體衰，但也因獲得成就而能功成身退。窮研古籍者往往會忽略一點，八字中尚有四柱的排列組合，其中亦深含象義，絕非單論五行干支所能闡盡。例如：木自寅月始生，那麼，年月日排列組合若是由甲寅、甲辰、甲午、甲申至時柱甲戌，那就是木正常的成長過程，命盤若已具此象則勿須執泥用神，準確率絕對超過八成以上。

「**火熾乘龍**」此辭看似吻合天地大義，但盡信者必定會永陷深淵！以「用」而言，龍為濕土、也主季春，此際風和日麗，利於木的成長；然深究其體，辰戌亦是「天羅地網」，即宗教所謂之「地獄」。䷀乾卦九四象曰：「**或躍在淵，進无咎也。**」淵指的就是辰支，因「**天傾西北、地陷東南**」，在地球的緯度中有太陽照射不到的角落、即為「永夜」。**進无咎**：強調要勇敢跳過辰淵（水庫）；故反言之，退就有災。先天乾為後天離卦，即太陽就是天體的指標，論斷應用時，辰後見巳就是「**進无咎**」，反之則為「**退有災**」。

甲木篇曰「火熾」，其成立條件必定是甲木生巳、午月，於火旺之際宜用辰土來洩火氣，此象表面上看來似乎無誤，卻已深陷辰淵矣！倘若引用「**火熾乘犬**」則妙哉，因太陽運行至戌而有終、木成長至戌則有成，因甲木生長至季秋已成神木矣！（用辰字者冤枉之事必然層出不窮；家中也不宜見龍的圖騰，廟宇有龍池、龍柱乃畜兵將之用，居家則是聚陰）。

「**水蕩騎虎**」水是育木主要元素之一，但陽光佔七分，水量只宜供給三分即可成長。**水蕩**：指木逢申子辰三合或亥子丑三會水局時，若不得厚土為基則易形成「**水多土蕩，客死它鄉，死無棺槨。**」相信很多讀者已熟背此辭句，但必未能窺曉其本末情節。如「**水多土蕩**」，易理逢水土相重時皆云作戰，猶地水師卦、水山蹇卦，於無形面而言就似漂流屍一般，或如古代兵荒馬亂、屍橫遍野；有形面則是指容易忘東忘西或信用不良（土主信）。

原文謂此象當以寅虎為藥，但我們要仔細的去探討，倘若甲木得寅通根，此際寅木尚為始萌嫩苗，況春季雨多，恐徒增猖獗水勢。若用「水蕩騎犬」應該比較符合自然，其一：戌為禦水之土，其二：甲木須由春生長至季秋方能成為神木。

「**植立千古**」高山氣候寒於平地，星辰於夜晚方能見之，凡物依於何地而存，必然會吸收該域之氣（陽宅風水也一樣）。寒夜屬性為陰氣，故甲木實質現象為質陽氣陰。倘若干透庚金又生於秋冬，膚色必定較黑且臉皮較厚、不懼生；乃因樹木之皮厚是為了要抵禦寒風之故。

綜合以上所述得知，甲木若得丁火、再得適當水量，且依附高山成長，便能挺直伸長至天際而成棟梁之材。

甲木歸屬震卦，初九曰：「**震來虩虩，後笑言啞啞，吉。**」指甲木「長生」於立冬亥月；至「臨官」立春寅月（生肖為虎）方得生機，因而形容其生長過程猶如從老虎身旁走過一般、充滿險難，但歷經死裡逃生過程後，至春夏必然悅在心中。

乾造

年　己丑　　五丙子

月　丁丑　一五乙亥

日　甲寅　二五甲戌

時　乙丑　三五癸酉

　　　　　四五壬申

　　　　　五五辛未

此人是風水大師，經常往返海峽兩岸，認識的風水師及命理師自然不在話下。可能是因為從沒有人算準他的八字，所以他有句名言：「算命若會準，墓仔埔也出竹筍（台語）」。因為依傳統論法，日主甲木生季冬，整個命盤只得時柱乙木幫身、屬身弱格，喜神為水木、忌神為土金，因丁火尚可調候，暫先視為閒神。

筆者於壬寅年元月應其邀至台中烏日演講，在解釋五行如何形成及變化因由之際，大師說：「不如用我的命盤來對照敘述理論是否正確？」吾恐卻之不恭，於是當場論斷！畢竟在場的同修都是老前輩、戰場老將了，與其一直闊論干支變化，不如當場驗證來得實際。

我說此造是身弱格，大家應該都沒有意見吧？只見在場皆點頭如搗蒜。既然各位認同是身弱格，理當要以水、木幫身；於是我接著說：「請問前輩！您十五歲開始走乙亥大運，其後有沒有跑路？」此言既出，只見大師們個個目瞪口呆，一時間彼此交頭接耳討論了起來！心想此運是幫身運呀，怎敢如此論斷！大師回曰：「此運我三進三出、受盡折磨，更且十五歲喪父」，聞後，我請大家翻閱拙作《易經八字神斷》中的乙亥篇即可知曉。

傳統八字以「甲、庚、丁」互用，但這個理論絕對是錯的，而是要以「甲、丁、辛」為用，方能成格。因庚金長生在巳，季節尚屬春夏，樹木在這個季節必然未見果實；反觀辛祿於酉，此季節已經果熟，方能獲得成就。此造組合已構成

「甲、丁、辛」，故靠五術為業就能成就億萬身價。五十五歲大運辛未、六十五歲是庚午，皆是身弱運，我當場問大師，辛未運有沒有飛黃騰達？大師回曰：當時非常風光、開賓士320，且因經常至大陸看風水，還邂逅了一位四川紅粉知己，年紀相差三十有餘。所以他又自圓其說發明了一句名言：「有偷吃、活到一百多；沒偷吃，活到七十多（台語）」。

丑土暗藏辛金，為地下有金、骨頭象也；丑域陽氣不臨、陰宅象也。丑為艮卦、為石；丑上有丁干，乃石碑上刻紅字象也；丑土暗藏己辛癸，己為四方形、癸水從中流出，故觀象喝名為「水口大師」。在場者皆驚訝不已，學了一輩子命理，還是第一次聽到這種論法。

二、乙木

乙木為天機星，是南斗第三顆星，居先天八卦東南方（兌），後天八卦情性屬巽卦，巽兌同宮之義為草木乃由果核萌長所至。天機星的可塑性極高，猶春季小草懂得隨風搖曳，但總還是得歷經冬季一番寒徹骨的考驗，所以即便是再惡劣的環境也都有很強的生存能力與變通性，可以用打不死的蟑螂來形容。因為它春風吹又生，所以很有主見，對自己的能力也很自戀，卻又隱藏得很好；受到質疑時內心會很反彈，一般不太能面對自己的缺點。

乙木之象為人頸，是「軋」的意思，指萬物抽軋而出。乙祿在卯，祿為旺之名辭，卯的節氣是二月驚蟄，此際雷鳴雨施、草木茂盛。軋的意思也為結交朋友，但亦參差不齊、雜草叢生，故交友宜小心，即澤雷隨卦六二爻曰「**係小子、失丈夫。**」及六三爻「**係丈夫，失小子，隨有求得，利居貞。**」之象，爻意誥誡我們要跟隨對的人，才能獲得成就。所以乙木人要謹慎擇友，且不可幫人擔保，避免借貸、跟會，騎機車也要特別小心。

《滴天髓》云：「**乙木雖柔，刲羊解牛，懷丁抱丙，跨鳳乘猴，虛濕之地，騎馬亦憂，藤蘿繫甲，可春可秋。**」

「**乙木雖柔**」乙木屬性歸屬後天八卦巽宮，巽卦的情性為風，自然現象為花草，其質柔弱、隨風搖曳，看起來好似不堪一擊，其實不然；當巽卦重上其他的卦後，可說表現得非常的堅強、有毅力。先來論䷫天風姤象曰：「**天下有風，**

姤；后以施命，誥四方。」上乾屬庚金、下巽為乙木花草，庚金為先天的「天機星」，乙木為後天的「天機星」，庚的天象為氣流，起風時草木會隨之搖擺，此象乃因天地不語，故須藉由草木來探察天意，以「誥諭」百姓天時，方能與時偕行以謀取獲益之道。

姤卦下巽一陰竄上成為純陽乾金，乃一介女子變身帝王象也，此象猶乙庚合，即「取而代之」，也含敏感體質，而能感受天地之氣；但庚合春夏之乙木，本質會比較敏銳，因春季的枝葉柔弱，易隨風搖曳。乙庚合化金，謀事雖然比較持續、恆久，但由春至秋枝葉已由柔變剛，所以性情比較率直；但體會此象，帶敏感體質者，人生歷程必然變異較多，故當以有形知識取代無形感應較為實際。

澤風大過象曰：「**君子以獨立不懼，遯世无悶**」；火風鼎卦象曰：「**君子以正位凝命**」；雷風恆卦象曰：「**君子以立不易方**」；巽為風卦象曰：「**君子以申命行事**」；水風井卦象曰：「**井養而不窮也**」；風山漸卦象曰：「**進以正，可以正邦也**」，以上每個卦都含巽卦，句句都說明了乙木表柔性剛的特性，倘若配置得宜，是可以成就大事的。

「**刲羊解牛**」刲為屠也。羊與牛就是未丑土，自古以來大致都解釋為乙木可剋未丑土，但其深藏之內容知者卻鮮矣！我們用坤卦來對照此句，坤卦辭曰：「**西南得朋，東北喪朋。安貞，吉。**」西南是未土、朋是草木，故乙木得西南未土平原可致使草木茂盛，但䷵雷澤歸妹上六曰：「**女承筐无實，士「刲羊」无血，无攸利。**」**女承筐无實**：筐是竹條編成的盛物器，因震體爻變離中虛，象如竹條所編成的筐器。筐無實必露，此喻所求並非真心；**士刲羊无血**：下兌為羊，活羊必定有血，但上六與六三兩爻不相應，象徵此姻緣並非彼此真心相愛、情投意合所促成的。《滴天髓》云：「**刲羊无血**」是指將羊屠宰後卻見不到血；用以比喻未為燥土、不藏癸水印星，雖可得地而謀，但稍嫌內涵不足，或謀求只講究表面工夫，非誠心相待也。

「**解牛**」指將束縛的繩索解開，因丑後就是春季了，於是將繫牛的繩子解開，要準備春耕事宜了！再契「**東北喪朋**」，便是草木生長到秋冬已凋落殆盡，所以趕緊將牛解放，不敢掌握丑土了。我們感覺這兩種解釋似乎都有道理，但是到底要怎麼應用呢？所有的道理若能契合春秋之道，邏輯自會顯露無疑。如乙卯木本旺於春夏，衰絕於秋冬而凋零，所以卯後見丑，象如已逐漸進入冬季而無法渡過丑冬，故曰只「**可春可秋**」；但若是丑後見卯，就可將繫牛的繩子解開，要準備春耕事宜了。

坤造

年	辛亥
月	辛卯
日	癸丑
時	乙卯

卯木為本命食神、主子女，此盤卯木干見兩辛、又鄰丑土，於行限月柱辛卯時，有人棄養女嬰於居家門旁，當下女嬰氣息微弱，被她及時收養照護。因為她的親生父母雙雙吸毒，懷孕期間也未間歇，導致腹中的她健康也出問題！她從小乳牙就長出來，囤積在鼻腔下，因為右邊鼻子被打踢了，所以鼻中隔是歪曲的；牙齒和

鼻梁要重建，修護費用很高，在當時約莫半輛新車的金額。

在這個柱限時，此人也因寒氣攻身，於生命垂危之際，幸好巧遇民俗療法高手在背後灑上酒精，再燃火將寒氣逼出而死裡逃生、救活一命。之後柱限轉癸丑、乙卯，則全心全意的投身警消救難大隊，因救人無數而屢獲勳章表揚；該義女也由當時的奄奄一息（辛卯）長成後來的亭亭玉立（乙卯）。故前者卯後見丑為「東北喪朋」，而丑後見卯則是「逢春備戰」。

「**懷丁抱丙**」乙木祿在卯，但此季癸水長生而雨多，若多逢癸，必然陰煞纏身，故喜得丙丁暖身，則可開花結果；亦喜得己土平原，即可漫無涯際的延長。故乙的五行雖為陰，卻含陰陽同體的屬性（嬌女含男性氣慨），因乙祿於卯、屬震卦之故。

兩儀白中有黑、黑中藏白，所以概略言之，每個干支都夾藏陰陽屬性，所以男性或多或少都會做些女人的工作，女性也偶爾須肩負男人般的責任。

「**跨鳳乘猴**」鳳為酉、猴為申，兩者五行皆屬金，乙木若逢金剋，但天干透丙丁時，則可取傷官制煞護身；但也不能死背公式、無視時境，倘若丙丁坐亥子，丙丁火都自身難保了，何來護駕餘力？

「**虛濕之地**」地指辰丑土，虛濕指辰丑土所藏癸水。木有向光及向陰濕延伸的自然屬性，倘若水太旺就會沉溺不振；故見卯辰害時曰「**玉兔見龍雲裡去**」，象義為沉淪於東方而變雜草，忘了歸返西方終域。

「**騎馬亦憂**」馬為午火，足以提供乙木溫暖，是促使枝葉繁茂之發展條件。但高溫季節也容易形成颱風，產生狂風暴雨來摧殘萬物，即所謂無遠慮必有近憂。

「**藤蘿繫甲**」乙木得甲木依附則可扶搖直上，確實也因含有此象，才讓後學深信不已。古籍常因字字珠璣，最終讓人陷入深淵而無法自拔。猶如甲後見乙之象為樹木逐漸開枝散葉，其事業理當鴻圖大展；但殊不知乙日生人，若要逢甲卻只能逢得甲申時，至終必致凋零。所以甲後見乙為「藤蘿繫甲」，可逢貴攜；乙後見甲乃「攀附權貴」，至終恐致妻子悖散、人口凋零之窘境。

「**可春可秋**」後天八卦東方為甲卯乙，八卦中皆陽干配陽卦，唯獨卯支屬陰卻配屬陽的震卦，其中象義乃因所有的大樹，都是由東方小草漸長所至。雷澤歸妹卦義為「**女之終也**」，其義來自「**木女金夫**」，即女子由東方嫁入西方夫家後，就會結束少女階段而變成主婦。自然現象是乙木難以過冬，但六十甲子每柱象義皆異，例乙丑柱不懼寒冬立足丑冬之上，可見其始求深也之象。

坤造

年	戊辰	六乙卯
月	丙辰	一六甲寅
日	乙巳	二六癸丑
時	甲申	

癸丑大運時，癸與命盤戊土形成天干五合，逢此合大致皆有災眚。本造是戊戌年丁巳月轟動全國分屍案中的被害者。乙巳日見甲申時，此象傷害最鉅，因巳申合為「**君子豹變，小人革命。**」君子指巳火，豹變為申金，而巳申合會形成狂風暴雨；巽為風卦象曰：「**隨風巽，君子以申命行事。**」**隨風巽**：指庚金長生在巳，此際已形成和風，草木會隨風搖曳；**申命行事**：庚金臨官於申，是風最強的時節。爻意在描述颱風過境後之凋殘景象，我們可把甲申想像成一棵大樹，乙巳則

為樹木的枝葉，被颱風橫掃後必然會葉落枝離，此儼如分屍之象。此造死後魂消魄散，後經玄天上帝慈悲，替她重組三魂七魄；她之後竟然去找一位女生幫忙（以前互不認識），請此女去新店婦女會找死者媽媽，說她要回新店家。最後由這位女生開車護送她的魂魄去新店，一回到家，之前找不到的屍塊便陸續湊齊，因而正式宣布破案。

第二節　丙丁火篇

一、丙火

丙：太陽星，五行屬火，乃廣生之星，代表官祿、博愛、長輩、丈夫。象義為炳，即太陽普照、萬物彰顯。澤火革卦九五象曰：「**大人虎變，其文炳也**。」萬物因得太陽普照而彰顯文明景象，與「木火通明」同義，亦坤卦「**黃裳元吉**」之象，即草木茂盛，猶將大地穿上華麗衣飾一般。

《滴天髓》云：「**丙火猛烈，欺霜侮雪。能煅庚金，逢辛反怯。土眾成**

慈。虎馬犬鄉。甲來成滅。」

「**丙火猛烈**」丙為太陽，含光明、無私、雞婆情性，其質具光和熱，使大地充滿光明和生氣。離卦象曰：「**明兩作，離；大人以繼明照于四方。**」太陽施普使大地萬物蓬勃、欣欣向榮。「猛烈」可勉強解釋為丙辰、丙午、丙申三柱，餘之丙子、丙寅、丙戌柱皆溫度不足，何以「能煅庚金」？研讀《滴天髓》或《十干選用法》，讀者必須自行導入季節，否則窮盡心血亦為所困。

「**欺霜侮雪**」太陽能溶化嚴冬所累積的霜雪。象徵火旺之人正大無私，不會向惡勢力低頭。

「**能煅庚金**」庚金為氣流，是太陽所驅動形成的；丙火臨官於巳，此際已形成高溫。當海水遇高溫則會被蒸發形成氣流，故曰庚金長生在巳，這也是後天八卦「辰巽巳」為什麼會稱為「風」的道理（巽字是兩個「巳巳」加「共」組成的）。

「**逢辛反怯**」辛金為雲霧或月亮。☲離卦三四五爻互兌卦，即太陽運行時，偶會遭雲霧遮蔽而易迷失方向（丙辛合）；也會造成「日全蝕」現象，就是原本明亮的太陽瞬間被月球陰影遮掩，古時候稱此天象為「天狗吃日」。

離卦九三爻曰：「**日昃之離，不鼓缶而歌，則大耋之嗟，凶。**」**日昃之離**：昃的原意為太陽已逐將傾西而落；但九三居離上爻，並非指日傾，而是九三與四五爻互成兌卦（辛金若遇戊山、象為棲息山腰的雲霧；遇高掛天空的太陽時、必然是月亮），此際太陽已被月亮遮掩，呈現日全蝕景象。「**不鼓缶而歌**」：鼓是震卦、主東方之氣；此際互卦兌氣旺相，致使陽氣瞬間消失。缶（音否）、當下已分辨不出陰陽現象了，猶《莊子》曰：「**以二缶鐘惑，而所適不得矣。**」因瞬間由陽轉陰而無法調適，因此敲打金製銅鑼，並感傷高歌以契鳴金收兵！**則大耋之嗟，凶**：耋（音蝶）：高齡，嗟（音皆）：感傷、哀痛。古人將日全蝕現象稱為天狗吃日，認為之後災難便會降臨（離錯坎）。

此處的應用重點在「鼓」和「鐘」，鼓屬震卦、鐘屬兌卦，因互兌為金屬銅鑼，互巽為竹製木棒，乃敲打銅鑼驅趕天狗，亦將幽兌錯返陽巽象也。但此處云「**不鼓缶而歌**」應該是提醒要謹慎防範了，因「暮鼓」和「晨鐘」是指佛寺早晚報時的鐘鼓，具有警世的意味。佛寺中早晨的鐘聲和傍晚的鼓聲都無法傳到耳中，只看得到明月和孤雲懸掛天空，用以形容世間事物既分歧又複雜，還不如淡泊名利、遠離紅塵。此卦爻亦可用來比喻此天象，宜及早警醒（未來的天運就是九運離卦了，可以多體悟離卦之象）。

十天干中含諸多類化，但對於如何取象，讀者則常在猜測中求機率，殊不知將八卦相重後即能道盡天地人中的一切景象！若能以象的觀點來探討必定較能符合邏輯，如：辛金什麼時候要論雲霧或月亮？見辛卯、辛巳、辛未，其象為雲霧，因這些時辰必然看不到月亮；反之，見辛酉、辛亥、辛丑，雖然這些時辰就可以看到月亮，但黃昏深夜時分依然是有雲霧的，所以我們應當借旁干來佐證，如辛金見戊土則為雲霧，因日落黃昏之際，雲霧必然會棲息在山腰。先後天八卦中坎兌同宮，屬性皆為月，故辛金加上水則為月，如此就能具邏輯性的引用自然景象。

「**土眾成慈**」土分類為辰、戌、丑、未，也代表著四季。辰、未為陽旺之地，太陽運行至此會更增其熱；若臨戌丑陽陷之地僅存餘溫，則會盡喪猛烈情性。那為何曰「慈」？因土主坤卦、為母，因而喻之。

「**水猖顯節**」丙火喜用壬水，因壬為河川、海洋，太陽運行於河海之上，儼然成聲明遠播之象；加上太陽照射於水面上會形成庚金氣流，庚為丙之「正財」，因而能名利雙收！太陽（火）為自然界的「官星」，大人以無私之情性繼明照耀天下，象如當官從政之人。水猖：指亥子丑之地，此為深夜或幽暗之處，亦是「辛金」長生之地（金可類化為錢財或金銀珠寶）；欲觀為官之人的情操，必然要於暗地，猶深夜或私下行舉，便能察覺其節操高低。

「**虎馬犬鄉**」甲逢寅午戌三合火局，甲木就會焚滅，但諸多讀者以此論述時卻時準時不驗，因其首要條件必須午月當令，若逢寅月、春寒料峭則必然不驗。

「**甲來成滅**」見寅、午、戌三合或巳、午、未三會火局，若不見水則有焚林之憂。

說到「甲來成滅」，記得癸未年在頭份農會上課時，一位學員學了半年後，在上課時分享如下實例：

年	**丙午**
月	**甲午**
日	**戊戌**
時	**癸亥**

甲木乘於火上之象為「**其文炳也**」，乃文書記載歷程資料象也；午火又主香火，故甲午猶木頭製成的祖先牌位，但甲木逢火旺必焚，而應「**甲來成滅**」。即斷曰：你家祖先牌位被母親用刀劈開，再用火焚化後，丟入河川隨癸亥之水流走了。果驗，而讓學員們嘖嘖稱奇、直稱神斷！其實此番情節關鍵就在戊戌，因戌為高山、為先天八卦中的艮卦，而易理逢艮卦常曰「**十年不克征**」或「**反常也**」；猶屯卦六二象曰「**十年乃字，反常也。**」因六二爻之上互艮卦。反常也的意思是行為令人匪夷所思，情節違背常理。實因山含陰陽兩面情，一面為陽、一面為陰之故！所以戊土得用時，必然會另立門派、據山為王。

二、丁火

丁：象陰、為北斗第五星，司職權令，刑掌獄法；代表約束、邪惡、糾紛、是非、小人、為桃花、主紅色，代表血液、精密儀器、電器、電腦。

丙象為「功業彪炳」，即大公無私，深受人民感念，丁承襲丙火而來，為火之精，是太陽施普大地後所遺留下來的溫度，以提供萬物生長所需，亦萬物精氣，乃集文明而斂聚其中（丁為前世遺留的功過或精神）。

火性雖然炎上衝動，但總能夕惕也。丁火有諸多類化，例燈火、溫度、星辰、小顆粒、刀劍……，但在論斷命盤時必然不能全部類化，因此宜用邏輯來推演，因天干之象會隨著所乘地支或周邊干支而變化。每個天干配地支後都會形成「六柱」，如丁干配地支後會形成「**丁卯**、**丁巳**、**丁未**、**丁酉**、**丁亥**、**丁丑**」，然而其中每柱所含的象義皆不同。民國八十五、丙子年天地垂象後，筆者就有此構思，並於西元二千年、歲次庚辰就逐一重象而著《六十甲子象義》，此著作以易經結合觀象，將六十甲子每柱的情性及應用做詳細解說，並將此祕笈公開傳授，但爾今盜襲者甚多，所以日後彙編更完整後，再出版供大眾研讀。

《滴天髓》：「**丁火柔中，內性昭融，抱乙而孝，合壬而忠，旺而不烈，衰而不窮，如有嫡母，可秋可冬。**」

「**丁火柔中**」後天八卦南方宮位屬離卦，干支是丙午丁，於後天八卦中每個宮位所藏的干支都充滿玄機。離卦兩個陽爻在外、其質為丙，居中的陰爻象徵丁火，故稱「柔中」，而火的情性皆有形無質。

「**內性昭融**」昭：喻「德業長昭」，明於內、有耐心，能以言行去感染他人；融：是包融、融入。䷽雷山小過辭曰：「**小過，亨，利貞；可小事，不可大事；飛鳥遺之音，不宜上，宜下，大吉。**」**飛鳥遺之音**、飛鳥指太陽，遺之音指太陽西下後所遺留的溫度或磁場。丙是太陽、由寅運行至酉，此階段為白晝，所以「丙庚」象義陽間事物；太陽西下後則由丁火星辰取代，故「丁辛」為陰間磁場，亦如一生的功過都已化成了能量，所以期望「道範長昭」、精神長留人間。太陽傾陷後只賴月亮星辰照光，因能見度不足，所以只看得到周遭的事物，因而只「**可小事，不可大事**」，誥誡丁火之人謀事宜順應天道，且「**不宜上，宜下，大吉。**」

「**抱乙而孝**」雜卦傳曰：「**兌見而巽伏也**」，這一句話的自然現象是：雲霧密布時草木就無法向陽而長。兌主辛金、為雲霧，季節為秋天；巽為乙木、為花草，季節為春天。秋季時分必然氣斂且枝葉凋零，或當雲霧密佈時，草木就無法欣欣向榮。故乙木若見丁火溫度維護，就可以遏止辛金來剋乙木，因為有了溫度就不容易形成雲霧，草木就會翠綠、開滿花朵。

「**合壬而忠**」將仁義禮智信對應五行為：「**仁屬木，義屬金，禮屬火，智屬水，信屬土**」，人倫必須遵循五行規律，國家社會才會健全。火為神、為君，亦象徵國家律法，木則為群眾人民。以自然現象言，當太陽昇起後，草木就會依序而長，此象猶如人民的行為應遵循國家律法一般。天水訟卦象曰：「**天與水違行，訟；君子以作事謀始。**」天者居上、象徵國家律法，水者潤下、乃悖逆禮法象也，因而上諸法院；謀始：指坎水，即天地以子定為終始點。子曰：「**知終終之**」，即君子要有周全的策劃，才能由起點順利行至終點，否則爭端、訟事必然會層出不窮。丁火與壬水得以合化木來生火，此象猶如人民忠於國家、遵循律法一般。倘若丁火見癸之雨水，則會喪明、降溫，乃藐視王法之象，極易牴觸法律。所以見癸丁交戰，容易有口舌是非，甚則官訟。

「**旺而不烈**」旺：指其溫度高於丙，因丙火「長生」在寅、至巳為「臨官」，但此階段溫度尚不高，往往要至午時才會形成高溫，故午支承丙火而來後，地支則轉為暗藏之丁火。不烈：丁火是離卦中的陰爻，在談丁火的氣勢之前，要有一個正確的觀念，丁火無論衰旺，都俱有其價值性，強旺的時候有木火通明之作用；處落陷之域就猶路燈，有照明指引之功。古代以燈燭星光引路，天色愈暗、燈燭愈顯明，價值就愈大。

古著云：「**丙奪丁光，丁仗丙光。**」指五月丁火，忌丙透干，太陽會奪走丁火的光芒，丁火元神不足時則賴丙幫身；我想這些理論有極大的盲點，因丁火的天象是星辰、丙火為太陽，倘若丙火越過丁未、丁酉、丁亥、丁丑時，乃夜見陽光，會形成「**龍戰于野**」，則有災眚；丙辰、丙午、丙申之域逢丁，就會形成「**日中見斗**」之日全蝕現象而有災。

「**衰而不窮**」衰為減退，由強旺至微弱之意。不窮：丁火在天文中為星辰、月光，在地道為燈光，兩者與日光的亮度相比顯然遜色太多；但是，縱使太陽光的亮度是多麼強烈，太陽總會下山，當暗夜來臨之際，月球卻能藉由太陽光的折射繼續發出微弱的光芒，指引著黑夜裡的人們前進，此時的微光，俱有多麼無法取代的價值啊！

「**如有嫡母**」乙木為丁火的印星、母親，亦暗指為「正印」。倘若以「偏印」

論之，則為繼母或阿姨，那用「孝」字來表達理當不適此文，所以乙木應該為丁火的「正印」。

「**可秋可冬**」乙木為丁火的印星，印星可提供丁火源源不絕的能量；又秋季的地支為申酉戌、五行屬金，金是丁火的財星，冬季的地支為亥子丑、五行屬水，水是丁火的官星，當財官印比全，又具相生之順局，丁火之人必然可長久持續生存，進而開創出千秋大業。易經火風鼎卦亦在談論類似情節，火為離卦、風為巽卦，而巽為木，五行為木火相生，離與震先後天八卦同宮，象徵香火一脈相傳，卻因歷朝皆有戰亂，致使家庭支離破碎，香火無法延續。鼎的卦象離巽相重，上離象徵香火磁場，當震幹於不寧方折損後，需藉震幹的旁枝（下巽）將香火延續發展下去。

乾造

年	乙未	四六甲申
月	己丑	五六癸未
日	丁亥	六六壬午
時	壬子	七六辛巳

此造若以傳統取格局法，月日時地支三會水局剋身，乃身弱不敵官殺，當賴年柱乙木生火幫身為用，即喜用神為木火、忌土金水。但倘若如此，祖上必定有蔭庇之功方能吻合學理。

悉心求證詳情後得知，祖父母以前在陽明山務農維生，但祖父在他三歲時就往生了，而且生前一天到晚追著野臺戲跑，因為不努力，所以經濟狀況非常差；如此年柱乙未理當就不能視為用神了。

父母宮己丑若視為忌神，父親雖得不到蔭庇，卻從小就出外打工賺錢，雖然一生起起伏伏（未丑沖），但與年柱相較下，卻有給他些許的幫助。

初觀命盤時內心有些訝異，此造應該是「夜見星斗」格（日主若為辛、癸，即為明珠出海格）。經求證後，幸虧此人自立自強、打工求學，進入社會後，於癸未大運中從事國際性網路行銷，做得有聲有色！可惜一上壬午大運與年支形成午未合化火，又與日主丁壬合化木，及碰上庚子年這波疫情，因此財務發生困難；見午未合化火會破壞「夜見星斗」之天象，日主逢到天干五合必有災眚，而癸未雖依然是天明時分，但天干透癸，烏雲天候會助星斗乍現。

第三節　戊己土篇

一、戊土

戊土：陽土，天象為天府星、地象為高山；象徵穩健，思想意識強烈，有定力但比較保守。山含陰陽兩面，所以內心會打小算盤，心機比較重，也喜歡炫耀自己的優點。

戊土歸屬艮卦，艮為山是「連山易」的卦首。據《周禮》記載，「連山易」出於神農氏、成書於夏朝，故又稱之為「夏易」，原書約有八萬餘字。《周禮》將「連山」和「歸藏」與「周易」並列為占卜的三種系統，統稱三易，其共通性皆由八個成卦重疊而成六十四卦。

《詩含神霧》曰：「**大跡出雷澤，華胥履之，生伏犧。**」華胥氏是華夏民族的遠祖，傳說她踩到了巨人的足跡後懷孕，分別誕下了女媧、伏羲，後來女媧、伏羲生出了少典，而炎、黃二帝又是少典的後代，故華夏和中華的華字皆源於華胥氏。其中又以陽奇陰偶為用，故震為奇、巽為偶。是故《竹書紀年》曰：「**太昊伏**

義氏，以木德王，為風姓。」則以華胥氏為「震雷」，伏羲氏為「巽風」。《周易–乾彖》曰：「**雲行雨施，品物流行，大明終始，六位時成，時乘六龍以御天。**」即震雷之數為六，乃合天數。邵康節《皇極經世書》曰：「**氣以六變，體以四分，體四而變六，兼神與氣也，氣變必六，故三百六十也。**」

《皇極經世書》又曰：乾一、兌二、離三、震四、巽五、坎六、艮七、坤八；《歸藏》以先天卦逆數為用，乾九、兌八、離七、震六、巽四、坎三、艮二、坤一，五居中央、統八卦五行之變化！是故，子曰：「**數往者順，知來者逆，是故易，逆數也。**」

《連山易》以艮卦為首、震卦為用，故曰「**象山之出雲，連連不絕。**」象山：已被文王融入《周易》之中，取象居先天八卦西北的艮卦，與居東北方的後天八卦艮卦；兩山相連，就是後來宗教講的地獄。兩山之間夾著坎卦、地支為子；**連連不絕**：十二長生訣之辛金長生在子，指這裡就是鬼的活動空間。遠古時代尚未創立宗教，僅藉象寓意；我們之所以要提及鬼神，乃因陰陽事物絕對不會因朝代更迭而消失。習易方知一切事物的表裡，否則，只言其表、不明其因，如何幫人解惑!?

《滴天髓》：「**戊土固重，既中且正，靜翕動辟，萬物司命，水潤物生，火燥物病，若在艮坤，怕沖宜靜。**」

「**戊土固重**」戊土為高山、萬古不移，五常主信。但山有一體兩面，一邊為陽、一邊為陰，隱藏著表裡不一的情性，或內有隱憂卻不形於表。書云：「**命帶三奇世上罕，三元及第冠群英；威名遠播眾欽敬，襟懷卓越國名臣。**」子平術中的三奇與魁罡，屬特殊神煞中的一環。三奇貴人的排法，從日主倒排至年為順則貴（如甲日戊月庚年為順）；從年順排至日為逆為富（如甲年戊月庚日為逆）。凡天干見「甲戊庚」都稱為天上三奇，但這種論述準確性非常低，以自然現象云，庚為氣流、戊為高山、甲為山上大樹，筆者認為見庚年、戊月、甲日，這樣才能稱為三奇，因戊土為思想、亦主知曉陰陽術法者，方能擁有高超能耐，才能用山（思想、術法）擋住強風，使甲木免於受剋，此亦「泰山石敢當」象也。

「**既中且正**」文意戊土居於八卦之中宮，故其性不偏不倚，為「中正」之土。**既中且正**、經多年驗證是錯誤的，因山含陰陽情性，懷私心者眾。倘若並見戊己土者，才會比較客觀去分析，因戊己土主思想、掌控人體左右腦的思維，方能趨於中庸，如此才能做出公正的裁決及客觀升級的轉換。

「**靜翕動闢**」戊土主艮卦，居後天八卦東北方，地支含丑、寅。天開於子、地闢於丑、人建於寅，戊土長生在寅，寅為人、戊為山洞，天地始成時，古代人皆鑿洞而居，逐漸文明後才有了坤地平原。《繫辭》「**夫坤，其靜也翕，其動也闢，是以廣生焉。**」靜翕：主丑是十二月，為冬藏季節，亦是一切事物至終之域；動闢：主寅是正月，乃一切物類始生之域，立春、驚蟄時節雷雨交加，種核便驚醒從地中奮豫而長。靜與動就是陰與陽，為萬物驅動程式，丑艮寅宮最簡單的關係就是休息是為了走更長遠的路，較玄學論則是輪迴的樞紐。

「**萬物司令**」高山有一體兩面，一邊是綠地、適合開墾和居住；一邊則是沙漠、萬物難萌。艮（丑、寅）為萬物終始之地，主宰著萬物的成滅，土主思、為信，所以改變思想、立定正確志願，即可鬆解命運的束縛，如澤火革卦九四象曰「**改命之吉，信志也。**」信與志五行皆屬土，其中的意義是：要改變命運的方法除了適材適所外，就是改變思想，如一個人居某地數十載尚無法發揮，就宜遷地，但自己的想法必定也有極大的弊端，所以遷移就是體，改變思維就是用，體用合一就含陰陽，則能創造生機。

「**水潤物生**」水本源自海洋，即子之地支。當太陽持續照射在海洋而形成氣流時，氣流會夾帶水分，因水有重量，遇到高山阻擋或飄浮至天際時，「庚金」就會轉變成「辛金」雲霧，所以庚辛金本同源，但大致可劃分由寅至申支為庚金活躍之域，故乾卦文言曰「**風從虎**」；由酉至丑支則是辛金活躍之域，所以「巳」火運行至「酉丑」之域，就被合化成辛金雲霧了！凡由寅至申支之中卻見辛金，或由酉至丑支見庚金者，皆有雲障，因該域不該構成此天象之故。

「**土燥物病**」中醫認為，人體的五臟六腑之目的在共同維持體內小宇宙的穩定狀態；其寒暖燥溼平衡，臟腑便平衡、人就不會生病。戊土在身體器官中類化為消化系統，胃主消化、脾臟主吸收及運送養分、肝則主疏泄。土燥指「戌」支而言，高原秋土氣斂，會致使養分不良，又萬物本因陽施而長，火若行至戌地，必入庫而明夷，此際木便會因火晦而病。

「**若在艮坤**」艮是戊土、坤是己土。䷩風雷益象曰：「**風雷，益；君子以見善則遷，有過則改。**」本卦下震上巽相重而成，二三四爻互坤卦，三四五爻互艮卦，在敘述震巽木要如何擇地而居的道理。

「**風雷，益**」巽風震雷相互激盪，致使萬物欣欣向榮。

「**君子以見善則遷**」君子宜慎擇事物，才能發揮助益功能。「善」與「遷」要義：先天八卦中的震巽宮位為後天艮坤，對應後為「震艮」同宮、「巽坤」同宮，道理為物宜適材適所，方能發揮物體固有本能。解析自然現象：震是大樹，本當以厚實艮山為基；巽為小草，立於高溫平原當能繁茂（契於十神論說，甲見戌、乙見己宜論為正財，反之皆當視為偏財）。

「**有過則改**」震巽乃血氣方剛之齡，宜彼此督諫，察覺過錯要立即導正，一旦幹成則為時晚矣！震巽的木生長情性不同，宜適材適所，否則會造成損、益兩極之現象。目前五術盛行，我們不可否認每種術法皆有輔佐功效，但自己的本性才是根本，不自我檢討修省，唯賴術法就本末倒置了。

「**怕沖宜靜**」此句歷來的註解皆謂：寅為初春嫩木，此時氣虛宜靜，不宜見申來沖伐。但仔細思索後，作者必定上知天文、下知地理，山醫命卜相皆精通，故此句未必是指寅申沖。

此篇旨在精論戊土情性，又先言「若在艮坤」，才接說「怕沖宜靜」，如果硬要將它扯到寅申，恐喪原著本義。艮坤指的是戊己土，為何會將戊己置於八卦中央，乃因土主宰著五行的生化，猶亥子經「丑」、水氣變木；寅卯經「辰」、木氣化火；巳午經「未」、化氣成金；申酉經「戌」、金氣歸水。

四庫土具斂與發的功能，會收藏和散發無形之氣，此氣含義廣大，有催動、生發、肅殺、幽靈……作用。庫位乃天地生成就有諸物藏於其中，理當「宜靜、怕沖」。例艮為山脈來龍，動土時若直接先動來龍之處，必定會遭棲息之氣反撲，輕者犯煞導致不明病因，嚴重者甚或命喪黃泉！古人知曉其中玄奧，因而制訂「五黃」土煞以趨吉避凶；但四庫土所收藏的氣各自不同，故不宜僅以「五黃」概括之。

乾造

年　壬戌
月　癸丑
日　戊子
時　癸亥

五行生剋中，以土剋水為用者格局最高，因土主思想，利用智慧導引眾水的流向，必定遠比用武力強。本造亥子丑三會水局（水為智），唯獨日主戊山能冒於群水之上，象徵有高思維而足以禦水，故有堅忍不拔的情操與智慧策劃國事，而成為臺灣首任民選總統。但由月柱癸丑至癸亥為化退神，日主與時柱戊癸合而不化乃高山不聚水之象，故膝下無子。年柱戊土暗藏戊辛丁，戊土為比肩、為兄，戊與丑刑又見天干壬癸氾濫，形成水多土蕩格局，故其兄當兵時戰死，葬於日本神社。庚子年金水猖獗，此造逝世於臺北榮民總醫院，享年九十八歲。

二、己土

己五行屬陰土，天象為紫微星，乃至尊之星；代表著仁慈、吉祥、福祿。己土屬坤為地卦，象徵有極寬廣的包容力，優點：慈愛威嚴，求知慾盛，好勝心強，厚實穩重，自愛自重，重視品質，忠厚老成，學習力強，反應靈敏；缺點：剛愎自用，眼高手低，虛榮心重，佔有慾強，耳根子軟，較無主見，其思想易受環境影響。

坤卦象曰：「**地勢坤，君子以厚德載物。**」是告訴我們：地道中有高山和平地，人亦有尊卑之別，君子體悟此象，要學習坤卦之德，無論尊卑貴賤皆應廣納。地勢坤：應用時為辰戌丑未四季土，其地勢有異、功能有別，不可等同論之。

《滴天髓》曰：「**己土卑濕，中正蓄藏；不愁木盛，不畏水狂。火少火晦，金多金光；若要物旺，宜助宜幫。**」

「**己土卑濕**」己土是平原，地勢相較戊土低窪，所以禦水功能不佳，只宜水潤，不宜逢猖獗之水，否則要以侵伐論。水的流向一定是由高往低流，至低處後便靜止，所以己土象徵是平原濕土。

「**中正蓄藏**」戊山有一體兩面，質含陰陽，己土地象為平原、為坤卦、為均，為中正之官。坤卦彖曰：「**至哉坤元**」，是讚嘆己土弘大，萬物莫不依附著它成長。

「**不愁木盛**」平原無論種植大樹或小草皆可，但依先後天八卦論，先天艮為後天震、先天巽為後天坤；依五行言則是戊宜用甲、己宜見乙，這樣才能適材適所。反之乙見戊、甲見己，皆屬「借地而居」，人生過程必須要委曲求全。己土包容性大，倘命造並見甲乙木，則有太隨便、易犯桃花之暗示。

「**不畏水狂**」土地種植樹木，方可作好水土保持，否則會「水多土蕩」，造成土石流，此乃甲己合化土之功用。

「**火少火晦**」太陽普照大地，萬物則能奮豫而生；運行至西方酉戌後，則會喪失光明。

「**金多金光**」金指西方秋季，當太陽運行至酉域後，雖會漸失光明，然而可見纍纍果實閃爍亮耀。此理誥誡：火雖由春而生、至秋而夷，但春季陽降其氣，至秋方得其質。十二長生訣亦同此理，猶長生、沐浴、冠帶、臨官之域，雖力壯卻無物；衰、病、死、墓、絕，雖老而力衰，卻已獲得成就。象義啓示宜適時成德而「功成身退」。

「**若要物旺**」戊己土為高山平原、萬古不變，故「物」當指木或大地所結之果。果實優劣與土壤息息相關，土地肥沃才能讓木茂盛，結成豐碩之果；坤土為思想、為母親，良好的教育才能成就棟梁之材。

「**宜助宜幫**」果實尚未成熟時，會經過七月颱風的侵襲，若有戊土高山來防禦強風，木果才能倖存。

乾造

年 乙酉

月 丙戌

日 己未

時 庚午

天干並見乙丙庚，象為傳播，於一九八〇年代前曾主持多檔綜藝節目並為知名歌手，例華視綜藝節目（神仙老虎狗）、春晚演唱歌曲《船歌》、《小丑》。一九八五年獲得第二十屆金鐘獎最佳男歌手獎。

年月「乙酉、丙戌」為滿山果實之象，代表基因好。丙戌至己未之象為「**十年不克征**」，因戌主艮卦、為原始高山，未為坤卦、主已開發成城市，即由戌支數至未其數為十，理契戌土必須逢未土來刑才會否極泰來。

格局中乙庚作合，象為「**隨風巽**」，即不期而遇產生了異地情緣，所以娶了小十七歲且聰明貌美的「山東」舞蹈演員，一時間在海峽兩岸傳為佳話，婚後也生了活潑可愛的女兒。然而，時柱庚午合日柱己未又合月柱戌土而形成劫煞，故婚姻表面雖似美滿浪漫，每天卻要面對柴米油鹽及瑣碎現實環境。

第四節　庚辛金篇

一、庚金

天象為風，地象如刀劍，亦如未熟的果實；主七殺星，五行屬金，是南斗第六星。庚金為將軍，象徵威勇、主掌生殺權柄；個性獨立，具冒險犯難、衝鋒陷陣的特質。庚金太弱謀事會猶豫不決，氣旺則果斷積極。庚金也是孤剋之星，故精神空虛、六親緣薄。

庚金為熱氣流，行駛方向是由下往上順行，其義含「去故」、「革新」，猶須抵禦外寇，或一旦朝政腐敗欲輪替時，皆賴將軍為之一般。庚金為風乃出自☴巽為風卦，九五爻曰：「**貞吉，悔亡，无不利，无初有終。先庚三日，後庚三日。**」巽字上面為兩個「巳」火、下面為「共」，其義為風是太陽的高溫所驅動的。「**先庚三日**」：指庚金的前三個天干為「丁火」；「**後庚三日**」：庚金的後三個天干為「癸水」。其自然象義為：海面上一年當中會形成上百個颱風，但因海洋比陸地大上許多，所以不見得都會登陸；有丙庚就具形成颱風的要素，易理用此比喻國家持續訓練軍隊，但不一定會作戰。

巽卦「**先庚三日**」指丁火，丙庚是陽干、兩者同向順行；丁是陰干、是逆向行駛，所以丙庚並見丁火時，就會形成亂流，導致颱風很容易就登陸，也用以比喻兩軍就要開戰了！「**後庚三日**」：癸水屬坎卦、為血，丁為紅色、癸是液體，兩者合則視為血，當血流成河後，勝負也即將成定局了；猶颱風過境，經狂風暴雨後就會結束整個颱風過程。「**无初有終**」：指軍隊沒上過戰場或沒颱風，卻順利推翻暴政，人民得以安居樂業；颱風本源於海洋，故經狂風暴雨後，那些水依舊會回歸海洋。

《滴天髓》曰：「**庚金帶殺，剛健為最；得水而清，得火而銳。土潤則生，土燥則脆；能贏甲兄，輸於乙妹。**」

「**庚金帶殺**」庚金是颱風，會摧毀萬物。庚金「長生」於巳、「臨官」在申，即巽卦象曰：「**君子以申命行事。**」應用時為：七月是最容易形成颱風的季節，逢無妄之災格局，傷害更甚；庚為喜用時，逢申令可展現魄力與作為。

「**剛健為最**」庚金在春夏季節為和風，至秋季會形成肅殺之氣，萬物會被它摧毀。

「**得水而清**」庚金氣流至申月則易形成颱風，當颱風來襲時，會夾帶大量的雨水，但大雨過後，就會結束颱風侵襲的過程。水能洩金之旺氣，但庚金生壬水與癸水之象不同，庚在春夏理當可生癸水（雨霖），但於孟秋則當生壬水（暴雨）。

「**得火而銳**」庚金地象如頑鐵，需要火煉方能成器；庚的天象為強風，是藉由高溫蘊釀所形成的。庚金長生在巳時為「**隨風巽**」，即風已逐漸形成。䷸巽為風象曰：「**重巽以申命，剛巽乎中正而志行，柔皆順乎剛，利有攸往，利見大人。**」三、四、五爻互離卦，指高溫容易形成強風。「**重巽以申命**」：一天當中最高溫往往會出現在申時，申也是一年當中最容易形成颱風的月份。

「**土潤則生**」土潤：指「辰」，因辰土與巳火同居東南「巽宮」，辰是水庫、海洋，巳是太陽，太陽照射海洋就會形成氣流。

「**土燥則脆**」燥：指「未土」，未月情境為颱風前的寧靜，此季不易形成颱風（燥土不生金）；天火同人卦是描敘乾離（庚丙）兩卦的先後天體用關係。丙庚之氣本同旺同衰，因丙火遯於戍庫後，庚風也會逐漸減弱。

「**能贏甲兄**」強風來襲時，樹木就有可能被連根拔起。天雷无妄卦象曰：「**天下，雷行；物、與无妄。先王以茂對時，育萬物。**」物：指下卦震木；无妄：指下震與上乾相遇而形成金木交戰。本卦大象成離，應用關係為木賴火長，庚金亦是火所驅動的，但至秋季雖幹已茁壯，卻也因為氣溫太高而形成颱風，於是引來樹大招風之禍（物與无妄）。

「**輸於乙妹**」乙木柔弱，強風來襲時會隨之搖曳，故可免折枝之災；一如能善解天意者，則能免於天災人禍。

乾造

年　庚寅　二六己丑

月　丙戌　三六庚寅

日　庚寅　四六辛卯

時　己卯　五六壬辰

年月庚寅見丙戌，庚為風、丙戌為火庫、廟宇之象。風火家人卦象曰：「**風自火出，家人；君子以言有物而行有恆。**」風自火出：乃取自木生火，猶燃紙時周遭就會形成風；其家族事業是金紙製造廠，早期在竹南頗有名氣。君子以言有物而行有恆：於庚寅大運時進入國泰人壽當部長，每天光講話、訓練人員就享數百萬年薪。但於該運甲戌流年時，天干並見甲丙庚而產生無妄之災，因周遭都是女性，老婆醋勁太大而宣告離婚。

壬辰大運與月柱丙戌之正官星天剋地沖而離職。月、日、時天干構成丙庚己，象為風行天下，之後應部屬邀約至大陸各省講述開運風水，因此人仙風道骨、深受信任，眾人尊稱其為教授。

二、辛金

天象為月亮、雲霧，地象為黃金、玉石、珠寶，亦為成熟的果實；五行屬陰金，為武曲星，主財帛、司掌財富，是理財高手，但六親緣薄。辛金是冷氣流，行駛方向由上往下逆行。

辛金祿於酉，十二辟卦為風地觀卦（八月卦），所以有酉金者，與宗教緣份較深。䷓觀卦象曰：「**風行地上，觀，先王以省方，觀民設教。**」觀卦四陰居下欲剝二陽，陽氣剝盡、黑暗來臨時，則不利君子之征，反利小人之舉；先王領略此自然現象是無法改變的，於是觀察各處民情，設立宗教來教化人心。所以辛金對宗教玄學比較有興趣，尤其並見地下三奇「壬、癸、辛」時，容易與第三空間事物交感。

《滴天髓云》曰：「**辛金軟弱，温潤而清；畏土之疊，樂水之盈。能扶社稷，能救生靈；熱則喜母，寒則喜丁。**」

「**辛金軟弱**」質似雲霧而易被它物所改變（象徵意志不堅、耳根軟），遇庚風則會隨之飄散，逢丁火温度則會化成雨露。

「**温潤而清**」雲霧本體朦朧、晶瑩透明，有種朦朧美感。

「**畏土之疊**」《連山易》云：「**象山之出雲，連連不絕。**」象山指戌丑兩域、屬先後天艮卦，位西北與東北方；艮卦為山，疊指雲霧裊繞山中，倘若排列組合佳，必懷仙風道骨之姿，猶如閒雲野鶴般，生活安逸、衣食無缺。若逢地下三奇壬癸辛，則靈異事件層出不窮。

「**樂水之盈**」辛得壬水淘洗更能顯現晶瑩剔透之質；雲霧逢丁火溫度才能化為雨露。《窮通寶鑑》二月辛金論：「**二月辛金，陽和之際，壬水為尊。見戊己為病，得甲制伏，則辛金不致埋沒，壬水不致混濁，合此者必身入玉堂。**」古著字字珠璣一如聖經，殊不知盲點甚多，猶辛金喜壬水淘洗，但辛金日主欲得壬水，必定為壬辰時；我們要用邏輯的觀點去契合自然，辛是雲霧，必定要化為癸水雨露才合乎自然現象，倘若辛金逢壬水則是川流大水，必含借地而居或委曲求全之隱情。

「**能救生靈**」雲霧化成雨霖可濟大地萬物。傳統學理大致以命主強弱區分喜忌用神，而易理則以寡為用；如震卦一陽兩陰謂陽卦，巽卦二陽一陰謂陰卦，乃一君眾民之道。如一癸以濟萬物必為神人，多見壬癸則必屬凡人。

「**熱則喜母**」熱指午未之地，冷則為子丑之域，當冷熱氣流相遇時，便會產生霧氣來暗助辛金；是故，戌丑地支人元皆暗藏辛金，乃因此域方為辛金棲息之所或展現的舞臺。

「**寒則喜丁**」雲霧久棲山中，猶英雄無用武之地。陽臨後則會產生丁火溫度，才能讓雲霧化為雨露，以發揮特有功能和作用。

坤造

年　辛酉
月　壬辰
日　辛酉
時　乙未

年月辛酉至壬辰，辰是十二辟卦中的三月卦澤天夬，夬是除去之意，因辰月風和日麗，雲霧必被決除！故酉後見辰，主居域陰煞過重或被環境排斥。重慶有位女老師，家居長江河畔，全家人都枉死了，幸好自己是由辰至酉，順春秋之道方能苟且偷生。時柱逢未是六月燥土，因此際經常晴空萬里而難見雲霧，主不易受到重視，但命盤排列組合佳，主有高尚的理想。

第五節　壬癸水篇

一、壬水

壬為陽水，主江湖之水，其性源遠流長、任重道遠；天象為天同星，性慈溫和、眉清目秀、聰明且腦筋靈活，責任感重。水有質無形，代表平易近人，適應環境的能力強。

壬水為自然界的「食神」星，故能言善道；食傷能制化官星，具有消災解厄的功能。水祿於坎方，至夏則流動力強，故謀事常先惰後勤。壬是長流水，對興趣的事會鍥而不捨、堅持到底，不像癸水那般、時有時無。

地球主體乃土與水組合而成，其象如先後天八卦坎坤同宮；坎卦有壬子癸，癸水為雨露，會親比坤土平原，可說是土水兩親天下太平。那為何自從有歷史以來，常常會因爭奪資源或沃土而勞師動眾、興兵作戰呢？乃因壬水具侵伐性，哪裡的土低水就流向該處，故曰坎為弓、為盜寇，如己見壬、未見亥則是水侵伐己、未土之象，而非土剋水也。

《滴天髓》曰：「**壬水通河，能洩金氣；剛中之德，周流不滞。通根透癸，冲天奔地；化則有情，從則相濟。**」

「**壬水通河**」壬為河川之水，而河川之水天上來，再從高往低處流下。壬水長生於申月，如颱風所帶來的大雨最終會流歸大海。

「**能洩金氣**」颱風來襲時會帶來大量的雨水，下雨後便會結束整個颱風的侵襲過程！但是，庚辛金見壬癸水之象不同，庚生壬乃風雨之水，其象猶如將軍作戰、血流成河。庚金生癸水，則若說客或懷智之將軍，因具有癸三寸不爛之舌或有超人智慧，所以不費吹灰之力就作戰成功了。自然現象辛金理當生雨露之水，倘若生壬水則為陰生陽，此象含誇大不實、口若懸河。

「**剛中之德**」十二長生訣、壬水本帝旺於北方冬季、死絕於春夏，故春夏季節常缺水；此時只能期待颱風帶來大量的雨水，以解燃眉之急。颱風來襲之時會摧殘萬物，但也會帶來大量的雨水，其利弊得失難以評估，只能用「剛中之德」喻之！

「**周流不滞**」坎卦象曰：「**水洊至，習坎；君子以常德行，習教事。**」洊

（音見）：屢次、不間斷，壬水不會因受阻而停止流動。坎為智慧，水由高山往下奔流，主學識、歷程、經驗。常德行：壬水具侵伐性，若藏德而行，則猶如孔子周遊列國教化民眾；倘若調節不當，則會淪為盜寇，反倒危害百姓。

「**通根透癸**」癸祿於北方子域，受太陽蒸發後則會變成天癸雨露，雨水終必流往河川、可助漲水勢。水很特別，具有三態變化，每一種變化皆有其風貌跟特色：水在固體態的時候，因分子間的距離很小，彼此牢牢的吸引著，所以能固化停留在地表上；為液體態的時候，分子間的距離不一樣，並且沒有那麼緊密，所以能呈現出很活潑的樣子，例如會流動、具可塑性，置於怎樣形狀的容器就變成那樣的形狀；成為氣態的時候，分子之間的距離最大，以致沒有一定的形狀，又因為輕薄所以能飄浮在空中，或許可以說癸水具有飛天遁地的奇異功夫，但應用時也可將此現象視為陰煞。

「**冲天奔地**」壬為江湖川流不息之水，再臨大雨而降，則有潰堤氾濫之虞。坎域之水置於北方時本可悠遊自在，一旦被喚醒後就會變成癸水雨露。癸為陰煞，倘若不見壬水將其帶返大海就會興風作浪。有次朋友的父親犯了陰煞臥床數日，到處求神問卜皆無效。我告訴他：申時在居家西南方放一盆鹽水，亥時將水倒入水溝。隔日他問母親其父病況？回曰：已到山上工作了。

「**化則有情**」化指丁壬合化木，水火是養木的要素，凡陰陽之道本當以異而同，以育化萬物為志。水本居於北方，若能順行至東南春夏之地，則可發揮壬水之功用。

「**從則相濟**」化指丁壬合、從則是水生木。至善之水乃萬物之源，水的本質以生木為傲，自然流露至善之情，但木性賴火成長，得火方能襯托水之德行。

坤造

年　癸酉　　七甲子

月　癸亥　一七乙丑

日　壬寅　二七丙寅

時　丁未　三七丁卯

觀象八字理論無須四柱全才可以論斷，但要與前後柱情況比較、交易；我們可把年月劃分為先天宮位、看長輩及幼年狀況，日時為後天宮位、看婚後及中晚年概況。

年月柱癸酉至癸亥為果實剝落腐爛，因年月為祖上宮位，此象為家族風水、香火有問題沒處理，故父輩兄弟皆破敗。癸酉至癸亥雖為果實剝爛，但至壬寅為果核重新萌芽，最可貴的是能得丁未時！水勢猖獗宜利西南，且壬寅欲萌須得高溫之土；未土雖為「偏官」，但為本命喜用神，故能得夫助之功，她老公是汽車美容店的老闆，育有三男，家庭幸福美滿。

二、癸水

自然現象為雨露，天象屬太陰星；八卦中坎兌同宮，象徵月亮與海水潮汐，月亮與海水潮汐本透露鬼神出沒的訊息，故古人對月亮極為崇敬。《尚書．堯典》曰：日、月、星辰為天宗；岱、河、海（泰山別稱為「岱山」、「岱宗」，簡稱為「岱」、為地宗），天地合為六宗。王逸注《楚辭．九章．惜誦》謂：六神為六宗神也，可見月亮早就被視為神靈而加以崇拜。民間也把太陰星君看成嫦娥，認為太陰星君是一位絕色美人，故月亮也象徵美麗的東西，又因陰陷於酉，而將月亮視為過往記憶。太陽猶父，月亮如母、是輔助太陽運行的。故祭日於東、祭月於西，乃正其位也。

癸水為婦女月經，《壽世保元》卷七：「**室婦十四歲，經脈初動，名曰天癸水至。**」癸水為中醫講的腎，《四聖心源》六氣解中「**癸水病則必寒，壬水病則多熱**」。癸水於春夏時為天然雨露，主循環代謝良好，至冬則會凝結成霜雪而氣滯。壬水剛勁川流、癸水柔順和緩，但水有清濁，且會散布於天下、四方，具滋潤萬物的德行，可水輔陽光、具幫助土壤醞化之功德。

癸水其性「**富以其鄰**」、普濟萬物（因雨水不會下在固定的地方）。癸亦主幽靈，常以無形驅動有形事物。癸為無根水，若具心機城府，則為最佳的謠言傳播者；易離鄉背井，不喜歡做太固定的事。

《滴天髓》曰：「**癸水至弱，達於天津；得龍而運，功化斯神。不愁火土，不論庚辛；合戊見火，化象斯真。**」

「**癸水至弱**」癸如天上的雨水，其性無根、其情至陰。所有事物皆福禍相倚、物極必反。澤天夬卦本義為五陽欲除一陰，但上兌為口、下乾為國家，倘若國君無能，國家就會因小人三寸不爛之舌而瓦解，猶水可載舟亦可覆舟之義。

「**達於天津**」癸水源自大海或河川，經太陽蒸發後，則可積雲化雨。

「**得龍而運**」龍者辰也。辰的季節為清明，常言道：「清明時節雨紛紛」，辰月陽光和雨水皆充沛，可滋潤大地萬物。辰中癸水經太陽蒸發後可化成雨，至酉域後又積化成雲霧，但翌日陽臨，雲霧又會化水再流歸水庫。見辰酉合為「山澤通氣」，應用時可當作「資源回收」。

「**功化斯神**」春夏見癸必得育木之功，秋冬之水恐有滅木之災，必須仔細分析坎卦情性。

「**不愁火土**」火炎土燥時若見癸水，可得久旱逢甘霖之功。五行論燥土不生金，必須見水以潤土生金，其自然現象是在高溫土灑上水後，就會冒昇雲霧，但此際之氣為辛金而非庚金。

「**不論庚辛**」庚辛金皆可生水，但辛金之雲霧理當化為雨癸，庚金所生則為剛中而來之壬水。

「**合戊見火**」戊為高山，高山本不聚水，又因雲霧中之水分含有重量，所以雲霧只能停留於山腰，無法潤及山頂；至於高山之樹，只能等待天上雨霖，因此山頂上的樹木通常是長不高的。

「**化象斯真**」斯者析也。山水蒙卦辭曰：「**蒙，亨，匪我求童蒙，童蒙求我。初筮告，再三瀆，瀆則不告，利貞。**」蒙卦宗旨敘述求學和占卜過程。戊土高山有一體兩面，可以比喻成一面向子，則象成「**山下有險**」，此象主十年寒窗苦讀；一面向午，此象為「**山下出泉，蒙。君子以果行育德**」，象徵為學業已成，宜善用學識造福人群。這兩種現象都含戊癸合化火之現象，但戊癸合而不化為「有情之合」，乃同窗群集之情；合而化之為「無情之合」，乃因離群也。

坤造

年	癸未	一	丙寅
月	乙丑	一一	丁卯
日	癸丑	二一	戊辰
時	己未	三一	己巳

雖然滿盤皆是丑未沖，但此刑沖會沖出辛金來生癸水，這種無中生有的五行是與生俱來的蔭庇。辛金為「正印」，年紀輕輕就身價不斐、擁有無數的不動產。

有位臺商至大陸湖北經營汽車零件工廠，因喪偶而娶了該造的母親，她是跟轎過來的。臺商在臺灣育有一男一女，本有意栽培為接班人，可惜子女到工廠後因無法適應異域環境而返台。因在臺灣亦有無數家產，故子女放棄繼承大陸產業。因臺商與此造亦極為投緣，經協商後決議由她繼承大陸所有資產。

第八章 易經與五術的關係

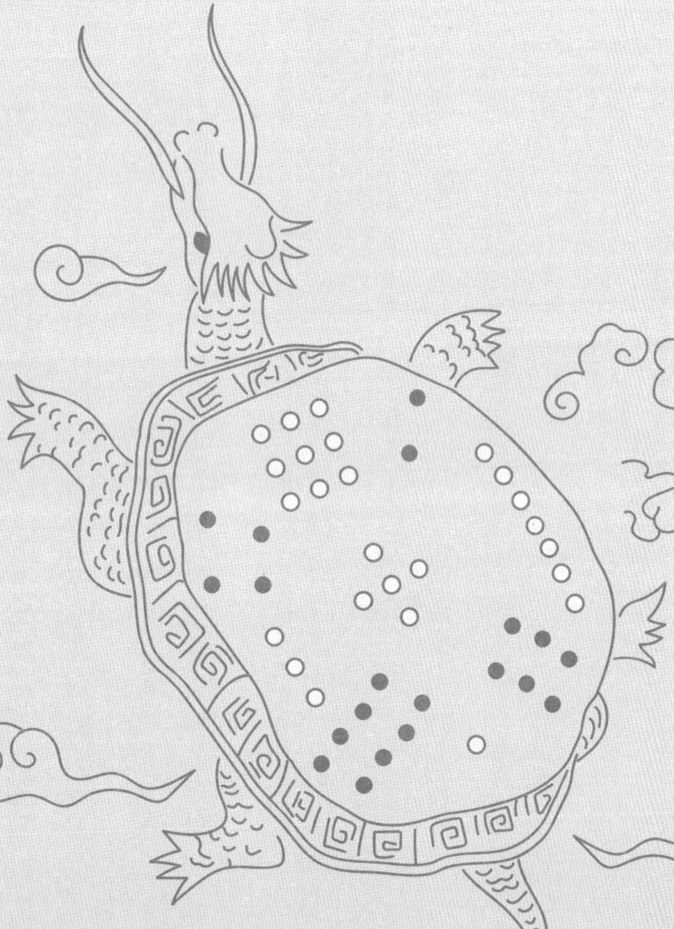

自《易經》問世以來已流傳數千年，但大多數人對它往往還停留在這是一本占卜書籍的認知中，我深知懷著這種觀念的人，畢生的術數必定只能停留在行尸走肉，只知其一、不知其二的階段。《易經》除了在中國傳統文化佔有極為重要的地位外，也是龐大道術的根基。在秦漢前期稱為方術，即西方認為的巫術。五術中的「山、醫、命、相、卜」理論，基本都是源自易經架構，因當中理論涵蓋宇宙與時空中的萬事萬物，其中最深奧的哲理就是從陰陽相互對立中尋找出協調的法則，以增進社會和諧以及減少人與人相處的磨擦。並巧妙應用「**往來**」將自然輪替現象闡畢，諸如月升日落，冬去春來，夏去秋來，生老病死等等；也應用「**錯綜**」之相對論，將錯誤的現象導為正面，進而能悔過遷善，創造美好無憾的人生。

五術源於「**一陰一陽之謂道**」的思想，但陰陽並非僅是諸眾認為的「五行」概念。它是以哲學為根基，並契天道運行的秩序來窺曉天地的奧祕，讓人們能順應天道，以追求自然和諧統一為目的。所以「易經八字」與「傳統八字」終究有什麼區別呢？前者能知來龍去脈，知曉事物本末的情狀和發生原由，而後者即使能料準，也只淪於死背公式的結果。因「易經八字」完全以道統為根基，並將五行的作用富哲理化的闡述。

文王深知陰陽五行，因而始創五行易，但適逢紂王暴政，深感久濡術數也無濟於事，因此始重八卦以成六十四卦，並繫辭著作《周易》，且以「乾為天」為卦首，誓言要替天行道，懷抱「修身齊家治國平天下」的志願。易云：「**陰陽不測之謂神**」，《周易》自始至終皆含陰陽而有「神」，這也是這部天書能永垂不朽的因由。

其實易經真的是一部很容易的經典，但一定要先理清楚作者的思維邏輯，因為很多卦所效法的自然現象都是大同小異的。不懂八字的人真的能悟通易經，進而道法自然嗎？我想應該只能一知半解，因為每個卦都在闡述五行的干支作用，並藉用地支宮位的排列來解釋每個卦的情節。於此無法一一道盡，只舉些例子來啟發讀者。

《周易》本由先後天八卦所組成，但重卦當中有的是法於先天卦，有的則是後天卦，這個先後天卦的概念非常重要，倘若沒先釐清、弄明白，必然會永陷易道叢林中。就乾為天卦和坤為地卦言，乾的下卦是居西北方的乾卦、地支為戌亥，此際太陽已落入地平面，所以初九就從「**潛龍勿用**」講起；上卦是位於午支的先天卦，居南方尊位，才會出現「**飛龍在天**」的爻辭，又因**日中則昃**，因而就出現上九「**亢龍有悔**」的爻辭；坤的下卦是居北方的先天卦，此季節是冬天，自然初六就從「**履霜堅冰至**」為始，上卦是居西南方未支的後天卦，故辭曰：「**西南得朋，東北喪朋**」，六五則對應至「**黃裳元吉**」，因西南是高溫平原，此際一片綠油油的草木，猶將大地披上美麗衣裳一般。

我們再找出幾個卦性情節相似的卦，例：風天小畜卦是上巽下乾組成，山風蠱卦則是上艮下巽，風山漸卦是巽上艮下……，這些卦都在敘述從東南至西北的自然現象（巽乾互為一條道路）。賁卦、剝卦、遯卦、明夷、睽卦、蹇卦、損卦、艮卦、渙卦、小過卦，這些卦都法於先天艮卦、後天乾卦，即西北宮位陽陷後所形成的情節。本著作是八字書，於此不多贅言，對易經有興趣的人可自行參考《**六十四卦應用**》。研易最重要的是一定要熟記先後天八卦的宮位，以契應至後天八卦的所屬干支。

壬寅年於個人八字中又丁壬合化木了，木是我的印星，故又於網路上教導「易經與八字探索」，短短數卦後，從一位年僅三十的學員中得到反饋：接觸易經後，看待一切事物都變得比較灑脫了，其義「貴在中和，不爭之爭」。甚感欣慰的是：對於一位年輕人來說，「不爭」猶嫌喪志，但已到達君子取之有道之境界了。

先天八卦

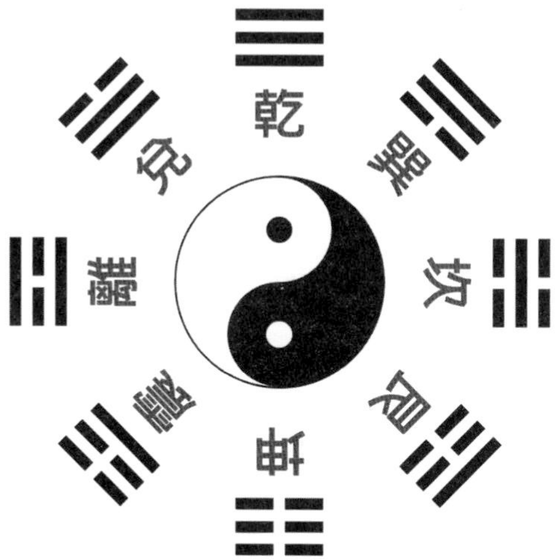

後天八卦

午
丁
未
坤
申
庚
酉
辛
戌
乾
亥
壬
子
癸
丑
艮
寅
甲
卯
乙
辰
巽
巳
丙

第一節　十干要義

一、甲木篇概論

先天離卦為後天震卦，即離震先後天八卦同宮，象意為木會隨著太陽昇落而成滅，依此現象則可判斷木火的情狀。後天震兌兩卦宮位相對，震兌的五行是甲辛，象為酉金就是甲木生長至秋所結的果實；但命盤中只見戊辛或丙辛卻不見甲乙木時，辛金就要視為山中棲息的雲霧，或是高空的雲霧。雲霧含有水分（慾望），藉由輕者上昇、濁者下降的現象，就可以判斷出許多志向。

甲木元神胎在酉，酉是丙死丁生、日月交替之域，也就是磁場能量，故見木火化退神，皆與風水、祖源有關。甲木是陰陽交媾後所形成的第一個五行，《說卦傳》曰：「**帝出乎震，齊乎巽，相見乎離，致役乎坤，說言乎兌，戰乎乾，勞乎坎，成言乎艮。**」**帝出乎震**、即謂甲木為「天子」，又因皇帝有三十六宮七十二院，故喻甲木為桃花星。

滴天髓於甲木篇曰「**地潤天和，植立千古**」，甲為十干之首，五行中只有木具生命與成長性。子曰「**顯諸仁，藏諸用**」，仁者木也，意即觀木的成長情狀，則知其他五行榮枯，故木攸關「事業興衰」與「生命壽元」，即使木不是日主元神，亦可參酌審考。

先天八卦中的震巽為後天八卦的艮坤，震巽木為自然界的財星，艮坤土則是印星，故見木化進神，可判斷事業漸成、財運亨通；見此，風水陽宅必安置得宜，乃因有良好的土壤，才能讓樹木壯偉而結滿碩果。倘若年月柱的五行為木火，又呈現化退神現象，則顯示香火已出現問題。木者仁也、亦人也，所有人事現象，皆可藉木的進退神現象參斷。見化進神干支可減少過程中的努力與挫折，例「甲午」至「甲戌」，可減少「甲寅」至「甲午」階段的奮鬥，可快速從「甲午」躍至「甲戌」而獲得成就。

【情性概論】

甲木為桃花星，無論長相如何，男命總會帶點帥氣，女命有些嫵媚。但木會萌新枝，所以本質喜新厭舊、思想固執，謀事常跌跌撞撞至傷痕累累後，才會毅然決然地放棄。甲為樹幹，其質可過冬，主處事堅持，行事有幹勁；但樹幹藏水分，主含私慾、自我保護心態強烈。

命盤木多土寡者，懷仙風道骨之貌，但亦主胃腸吸收不良、不易發胖；謀求常因盲目擴充，淪致無立足之地，乃因木壯土寡而崩之故。木顯竅於目，眼睛炯炯有神、臉型圓長、眉毛濃黑、法令輪廓深、鼻露骨、顴反，中年髮稀、身材中等、膚黑耳大、個性孤僻，帶有刑剋者與配偶子女緣薄。

守護神：王母娘娘、佛祖、觀音、城隍爺。喜用數：二、五、八。色：赤、橘紅。雞血石、玉。吉祥花卉：油桐花，鳳凰花，桂花（秋季花卉）。

二、乙木篇概論

乙木先天元神胎在「申」，申為強風、亦屬將軍；乙木為花草、也是士兵，俗云草木皆兵，所以乙木的前世可能是為國捐軀的士兵，故乙木與生俱來就特別機靈，天意也安排今世「**庚金輸於乙妹**」，以償前世濫殺無辜或折將損兵之過。

乙庚合化金之象為乙木隨庚風傳播而茂盛，至秋就可獲得果實。乙木主「仁」、其質旺於春，庚金主「義」、其氣旺於秋，若見乙庚合化金者，必屬「仁義兼備」，合而不化則應「貪財戀色」、「賣友求榮」，亦主環境無奈才會滯留東方，無法至西方合化成金。

庚為先天的天機星，乙是後天的天機星，因人都藉草木（乙）來觀察風向（庚），而庚風主先天、無色無質，其感應的是過去事，乙木為後天有質之物，所感應的是未來之事。四柱中含暗藏人元並見乙丙庚者，周邊必有玄學通靈人士，也是求神或乩童之象。乙庚合或乙木剋戊土，皆會藉神明或玄學來預測未來運勢，即丙丁為求神問事，寅申為玄學五術。

山風蠱卦的自然現象是風被山阻後，會因氣滯而致病蟲害，應用時見乙戊子或戊辛子，容易罹癌瘤諸症。乙和庚皆可視為風，被山阻擋後會因氣流不暢而弊端叢生，宜儘速排除阻礙，否則久溺會致蠱。風山漸卦九三爻曰「**夫征不復，婦孕不育，凶。利禦寇。**」**夫征不復**之象為卯戌合，即東方種苗經風的傳播至西北戌方，一旦成為神木後就無法遷回原域，此象主為了理想或追求利益遠赴它鄉，卻因置產於異地而無法歸返了；**婦孕不育，凶**。**利禦寇**、孕與寇皆屬坎水，此象為戌卯合逢亥子丑流年，則會不想或無法生育，也要防犯小人或遭盜。卯戌合或戌卯皆含「狡兔三窟」和「借地而居」之象。

【情性概論】

乙木平均身高一般都會高於甲木，因樹葉必然會高於根幹。臉型圓長、輪飛廓反、眉毛細秀、眼聲皆柔，牙齒整齊，鼻高於顴、耳小根軟。木旺土弱者身材瘦長，火旺且化進神者眼神銳利，火不足或化退神則遲滯無神。

乙木善解人意，人緣及心地皆好，且機謀善變，對於喜好的事物會不惜一切去追求，但很在意別人對自己的感覺，一生常因自我評價過高而蒙受無謂的損失。乙木逢秋冬為「**澤滅木**」，易患神經系統及筋骨損傷之疾。原命之乙木若居高溫之柱（乙卯、乙巳、乙未），行冬之歲運落差較大，也易遭病痛和損傷。

守護神：太陽星君、三太子。喜用數：三、七、十。色：綠、紅。紅寶石。吉祥花卉：桃花、百合花。

三、丙火篇概論

丙火先天元神胎在「子」，辛金也於此長生，故構成丙辛合化水，所以萬物也由此始生，藉此象亦可探知丙辛是六道輪迴的樞紐。子支是太陽運行的始點，並由此劃分一日的終始，即十二點前為夜子時，十二點後為換日的早子時。丙火是太陽、辛金是月亮，自古人類契合日月運行而作息，更以子支「冬至」校準時間，而制成六十甲子以紀日，其中象義含括陰陽情宜，人鬼神諸事也皆在其中。

地球軸心呈現二十三點五度傾斜，所以會形成四季變化。太陽運行於南北半球時會形成陰陽兩氣，故「三」月北半球是春季，南半球則是「九」月秋季；「六」月北半球是夏季，而南半球為「十二」月之冬季。三、六、九、十二就是辰未戌丑，因此便構成刑沖現象，也造成了思想差異和吉凶。

丙火是太陽，當氣施於地後，萬物才會產生吉凶作用。風地觀象曰：「**先王以省方，觀民設教**」，觀卦互艮坤，將艮坤契於地支則是辰戌丑未，此義象徵區域有異民情就會不同。四庫土含藏與顯的作用，即靜翕動闢，也會因地勢所形成的氣流穿梭造成吉凶悔吝。太陽普照於大地，而土主思，所以人的思想都會隨著太陽運行而動個不停，艮為山卦象曰：「**君子以思不出其位**」，誥誡要減少欲望、減少外出，才能將過錯降到最低，因艮主幽暗時分。

丙祿於巳、為自然的「驛馬」星，故斗數稱為「天馬」，落何宮位則主該六親辛勤奔波。丙與辛作合之象為太陽被雲霧遮蔽，於年月見丙辛者，宜注意祖墳風煞太大或臨反弓，也主香火問題。丙年逢辛卯月則主祖上長壽，因辛卯月為太陽尚處於春季，若逢辛丑月，宜視丙火的起點，如丙寅年辛丑月，則主祖上長壽；丙申年辛丑月則反，因丙火運行的歷程不一樣。

丙辛合為雲蔽陽光，乃風天小畜卦六四之象，即「**有孚，血去惕出，无咎**」，爻意誥誡磁場弊端，宜放血或捐血以免災，也可布施視障者，因丙主離卦、為眼。丙庚並見為「同人」而往，行運逢丁時會半路殺出程咬金、阻礙前進，因丙庚順行、丁火逆行；但庚金躁行，時逢丁火猶緩兵之計、可策劃後再行事。

【情性概論】

臉型方圓，膚色稍黑帶點古銅色，下巴飽滿，毛髮粗濃，眉稜骨突起。火化進神上亭高、日月角飽滿，火弱化退則低陷。太陽無欲主想得少、做得多，本性顧家、責任感重、天生勞碌但心思不夠細膩，事業性質為校長兼敲鐘、老闆兼工人形態。

火由春運行至秋冬主「先勤後惰」，金水旺者比較懶惰或會挑較輕鬆的工作。丙火情性正大光明，但不會因供需而增減；子曰「**己所不欲，勿施於人**」，可以此形容不善察顏觀色。表面春風得意，內在卻隱藏急躁和隱憂，常怨嘆自己勞碌歹命，中年前易因投機一博而遭損失。

守護神：太陽星君、關聖帝君，九天玄女，文昌帝君。喜用數：一、三、十。色：青、綠、藍。吉祥花卉：向日葵、太陽花、野花。

四、丁火篇概論

丁火先天元神胎在「亥」，屬「戌乾亥」宮位，「戌」藏丁火、主督脈，亦男人性器官；「亥」藏壬水、為任脈，主女人性器官。任督二脈交會於人中，此穴也是性愛的儀表板，當人休克時也可按壓人中，即可調順陰陽，以達水火既濟功效。

戌亥地支人元暗藏「丁壬」，謂「淫暱之合」，丁也可視為男性的桃花星，壬則是女性的桃花星。亥中甲木乃丁壬合所化生，《說卦傳》曰「**帝出乎震**」，若將甲木當做皇帝，那丁可輔佐甲木茁壯則可視為宰相，所以丁火適合策劃性質之工作，如軍師、宰相職務。

丙火長生於「寅」，順行至西、用以計年；丁火長生於「酉」，逆行用以計算月之盈虧。丙火死於酉，丁火却由此而生，故酉為陰陽交媾之域，命格中見丁辛較會接觸鬼神或婚喪喜慶事宜。蠱卦初六爻曰：「**幹父之蠱，有子考，无咎。**」意為並見「甲、丁、辛」要概括承受祖上遺留的興弊事物；若四柱組合好，則能得到祖上磁場蔭庇與父母器重；見亥中甲木不得丁火引拔而久浸水中，必因前世不孝方不得祖靈蔭庇，今生宜盡孝以祈免禍，亦誥誡丁甲日主或以此為用神者，要事親並注重香火，才能得到無形磁場蔭庇。

丁壬合要逢春夏方化，以自然現象論，水見溫度就會生木，而木之源乃庚金傳播所致，故見「丁壬」合要視「乙庚」為來源。丁火為五鬼星（三陰五鬼：丁長生於酉），較能理解神鬼事物。丙丁皆屬離卦，離卦二陽包一陰，陽爻為丙、陰爻為丁；丁被陽爻包住，故一生中皆有小團體聚集，居所不宜太大過高，即小過卦「**不宜上、宜下，大吉**」之用。

【情性概論】

臉型方圓，三亭均勻、眉粗、眼神不足、略濁，鼻孔大，中高身材，皮膚白、紅潤。丁丙化退神主動作粗糙，牙齒不好（含暗藏人元）。丁火生夏為「隨心所欲」，生冬則是「善盡其職」，且必須燃燒自己照亮別人。

丁火的優點是聰明過人、能言善道、親和力強、坦率豪爽、敢做敢當；缺點為狂妄、自以為是、愛恨分明、處事不圓融、醋勁大、佔有慾強、喜新厭舊、賭性堅強，對事物抱持猜疑心態，若太過自傲，往往會敗在自己的專業中。

守護神：九天玄女、觀音、城隍爺。喜用數：二、三、九。色：橙、紅色系。藍寶石、綠水晶。吉祥花卉：松柏、榕樹。

五、戊土篇概論

戊土先天元神胎在「子」，子也是辛金長生之域，此際雲霧會棲息在山腰，四柱格局逢此象，若又配置不佳，則易形成「**山下有險**」結構，容易產生身體與心理病變。《雜卦傳》曰：「**臨觀之義、或與或求**」，十二辟卦中的臨卦居丑艮宮位，萬物由此化生而「顯」；未坤長生於立秋，十二辟卦為遯，萬物由此斂而「藏」，此中的「顯」與「藏」雖是有形物質，卻也隱藏無形因果，並在「**臨觀之義、或與或求**」中循環不已。

《連山易》的卦首是艮為山，《歸藏易》卦首是坤為地，文王將《連山易》與《歸藏易》融合後創作了《周易》，所以六十四卦中（含互卦）並見艮坤時，皆會敘述《連山易》與《歸藏易》的術法。十二辟卦中未月為天山遯卦，凡陽間所經歷過的一切事物，皆會記憶在未己土中，此之謂「藏」；戊土為一切事物的終始點，而戊土長生於寅，陽氣旭昇後，一切事物就會明朗化，故戊土之謂「顯」，過往的因果皆會在己戊土中默默執行。土承天施之氣而或生或斂，其功過皆記於此中，見土逢刑沖宜慎也，犯之可求三界公（即堯舜禹三官大帝）求福、延壽、解厄。

戊己土為自然的印星，也就是房子或地基，子為地下之靈（地基主），見戊癸（含暗藏）欲謀事、創業或售屋，拜地基主有利於成事。山地剝卦象曰：「**山附於地，剝；上以厚下安宅。**」戊為高山、主陰氣，己為平地、主陽氣。戊己化進神者，會選擇厚實的地基安宅，宅基周圍必定高低陰陽並陳；若戊己化退神，必因陰陽協調不當而造成風煞過大，致使事物無法得宜。堪輿尋龍宜「**辨明山之向背**」，背：為來龍之源，乃氣不臨之域；並見兩戊則成「**重艮孤象**」，此域陰陽不交、必無穴點。

戊癸合化火為「無情之合」，合而不化為「有情之合」，合化雖可得造化之功，但卻無情；例：將戊子當成同學每天相聚，其情則親；行火運為「**蒙、亨**」，如畢業後只剩其名而無其情；又如天降雨於高原後，即會因蒸發或傾流而消失得無影無蹤。

戊癸合若「**化象斯真**」，其人會「**反常也**」，必搖身一變「烏鴉變鳳凰」而「飛上枝頭」。戊為高山，可擋強風和抵禦壬水侵伐，故為「解厄星」，以堪輿論可視為「石敢當」。戊己土化進者有高思維，一生可挾技為用，必有自我專長，但敏銳度稍嫌不足，最好不要任掌舵權職，適合從事策劃幕僚工作。

萬事萬物皆福禍相倚，見己至戊，象為登高必自卑，乃動盪孤寡之象，但也因見聞更廣闊，亦更上一層樓象也。戊山孤寒，一生崇尚自然，有敬老尊賢之心，思想成熟、行為穩重，但常有得失；實際生活中隱藏幻想，中年後易接觸宗教，有「數」與「術」的嗜好。

【情性概論】

臉型方長、天庭飽滿、地閣方圓、法令紋深、眼亮、唇厚，外表威嚴、中等身材，懷仙風道骨之軀，中老年後易心寬體胖。戊土厚重，但體含陰陽，表正直忠厚、內在陰沉，為老謀深算者，謀事會以看得到的利益為優先，再暗自盤算另一面事物，是懂得尋找備胎之人。

守護神：城隍爺、土地公。喜用數：二、三、九。色：黃。吉祥花卉：野薑花、自然草木。

六、己土篇概論

己土先天元神胎在「亥」，亥支暗藏人元為壬甲，壬水長生在申，若逢己土薄弱，會形成颱風暴雨肆虐而造成土石流。己、未土逢壬、亥水為「**利用侵伐**」，因己土是低窪平原，受流動之水侵伐後會釀成「**水鄉澤國**」景象，五行則謂為「**水多土蕩**」，亦地水師卦六三爻「**師或輿尸**」象也，爻意為將傷亡士兵的軀體用車子運回。

命盤呈現「**水多土蕩**」，可能是大禹時代遭洪水滅頂冤魂或歷代戰死沙場的士兵。坤卦象曰「**地勢坤**」，表明地道因域而異，以告示各類生態。所有物類皆秉氣而生且倚地而存，吸取何種氣或養分則生何質，故澤火革卦九四爻象曰：「**改命之吉，信志也**」，信與志的五行都屬土，革意為除去舊弊，當謀求不遂時要擇時擇地而征，方可達到改變命運之功效。

坤卦與坎卦先後天八卦同宮，當天施氣於地後則生質，氣乃由火而至、質則由水而生。火性炎上、水性潤下，兩氣不交則萬物難萌，故需經水循環才能化生萬物，因水含記憶，所以累世因果也相隨左右。戊壬統陰氣向下，其道闡「經」，言子午情節；丙己統陽氣炎上、其道述「緯」，言卯酉對待。繫辭上傳：「**易與天地準**」，此義為校準子午卯酉、經緯法則，天地事物即可表述無遺。

任何事物皆道法自然，《連山易》與《歸藏易》亦不例外。《連山易》卦首為艮，《歸藏易》卦首為坤，旨在闡明顯隱作用，即四庫土之「**靜翕動闢**」；故水經丑後則變木，木經辰則變火，火經未則變金，金經戌則變水，乃因氣潛土至極則生變化，所以辰戌丑未土就是五行的轉運站。文王熟知《連山易》與《歸藏易》後，便將天干戊己置於中宮，並分布辰未戌丑土於各季季末，如此便可闡明季節溫差變化後即將形成的諸物情狀，以臻「**善易者不占**」之境，文王因而捨金錢卦而著易也。

辰戌居四隅宮位，乃操控萬物成滅之柄。但此域有太陽照射不到的死角，故稱為「永夜」、即「天羅地網」，亦主「地獄」。辰主八寒地獄，即額部陀、尼剌部陀、阿吒吒、阿波波、虎虎婆、媼鉢羅、鉢特摩、摩訶鉢特摩等八寒地獄；戌主八熱地獄，即等活、黑繩、眾合、號叫、大叫喚、炎熱、大焦熱、阿鼻等八熱地獄。

辰戌兩域的地勢高低不同，也有溫差上的變化，當太陽運行至辰戌時會形成「庚金」氣流，因而易懷營計之心，但辰戌有朝夕、高低之別，故營謀屬性便截然不同，辰為陷、乃網漁心態，戌為高、則是駕控；當太陽運行至未丑時則會形成「辛金」雲霧，故此徑謂為「神鬼門戶」，此氣會致使行為由動趨靜而滯於思想哲理。

地雷復卦象曰：「**雷在地中，復**」天象為天施氣於地後而物生。上坤為婦、為腹，下震為長男，象如婦女腹中懷胎，其實父精母血結合時，氣已植入腹胎震核之中，即前世因果已埋下伏筆。既知人尚未問世就已連結前世因果，那出生後的八字命盤只是呈現未來的狀態，沉且也未必能將前世因果闡盡。所以必須加上『胎元』和命盤比對，方可闡述得淋漓盡致。胎元推算取月柱，天干進一位，地支進三位，所得干支即是。例：己未月，天干己進一為庚，地支未進三為戌，得庚戌；月建辛巳，辛進一為壬，巳進三為申，即得壬申。

地球自轉軸心的傾斜角度約在二十二點一度至二十四點五度，所以會產生四季的變化。若傾斜角度再變大，會致使地球運轉時離心力加大，那麼地表的變化就會更大了。四庫土象徵地道、具生化功能，戊己土居中宮，可網羅四季「赤、青、黑、白」之氣。爾今研術者費盡心思在水火木金中，卻忽略了土的重要性。而土又主思考，四庫土後皆配驛馬寅申巳亥，此乃誥誡謀事宜思而後動，方可降低因衝動而產生的損失或傷害。坤的天干為己土，每柱的己土都藏因果，於後再詳加取象說明。辰戌丑未四庫土中的暗藏人元喜忌亦為因果關鍵，切不可輕忽人元暗藏之餘氣。

【情性概論】

臉型圓長、眉清目秀、兩眼有神、英姿煥發，天亭高、印堂飽滿，乾造髮型端正，坤造長髮披肩有姿態美。己為「施」與「受」之仲介者，故身型胖瘦兩異（水土多則胖、木火多者瘦）。己土可育萬物，主寬廣包容，謀事能屈能伸，但較無主見。命盤中見己土，會有與時間賽跑的快感，也具易成易敗特性。己土厚德載物，所有事物皆廣納其中（為爛好人）。命盤泰否組合不同時，會呈現「心胸包容」或「貪得無厭」狡詐心態之差異。

守護神：土地公、地基主、觀音、阿彌陀佛。喜用數：一、五、十。色：橙黃。吉祥花卉：爬藤類植物。

七、庚金篇概論

庚金先天元神胎在「卯」、長生於「巳」、臨官於「申」，「子」為死位，自然現象是庚風由東方形成，至申月則會形成颱風，遇癸水就會結束颱風。八字理論謂「**金水傷官喜見官**」，乃法象庚金之前見火為「師出有名」，至子域或見癸水則是「將軍作戰成功」。應用時見丙庚或丁庚卻出現癸未，往西南而征則功成，因地支是表明方位；倘若先見水再見火，則是「師出無名」或「先斬後奏」，此象為「**金水傷官，為禍百端**」。

庚金為將軍，乙木為士兵或百姓，作戰時難免會濫殺無辜，致使他人家庭破碎、流離失所，所以庚金今世要「輸於乙妹」以彌先天之過。俗云：「將相本無種，男兒當自強。」形容庚金易白手起家，無法或不願意享用現成蔭庇。

春夏雨區較廣，降雨時間較長，秋冬則雨季較短（庚見「癸卯」，主能言善道或具商業口才，因木為自然界的財星；酉主兌卦為口，酉酉刑主**與朋友講習**，再逢癸水則為不具建設性之言語，易傷及朋比，因金為自然界比劫）。庚金為熱氣流，行駛方向由下往上順行，法象為更改、革新。

庚金為什麼為風？巽為風卦九五爻曰：「**先庚三日，後庚三日，吉。**」庚的前三日是「丁」，後三日為「癸」，丙庚本互為同人，加上丁則會形成龍捲風，此象對甲木會帶來很大的傷害。颱風帶來大量雨水後便會結束，此法象將軍戰勝而歸，但庚至子後會「**喪其資斧**」，即作戰功成則不再操兵，且將武器棄置而生銹，此象同庚金死在子，乃因功成而渙散也。

俗云：「人不為己，天誅地滅」，庚金為風、乙為草木，而風行天下時必會與諸物「不期而遇」。乙庚合也為各懷目的，因乙木必須藉庚風傳播才能開枝散葉，而無形之庚風亦當藉乙木才能顯現作為，猶將軍需賴士兵作戰一般；故「合」為各懷目的，「沖」為「無欲則剛」，但無欲亦懷無情之象也。乙庚合為「不期而遇」，此合若化金，義含「取而代之」，即春夏時令為乙木當權，至秋季則金旺，而會交替互換權力。

【情性概論】

顴骨高，額頭寬，毛髮濃，身材中等，兩眼靈活，眉斜粗濃，法令紋長，庚金忌眼球突出，易死於非命。乾造隱隱有威、坤造具有野性美，庚金為將軍，不喜受約束，具「**高尚其志**」本性。

守護神：關聖帝君、三太子、濟公、將軍、王爺、義民廟。喜用數：一、二、九。色：紅、白、藍、黑。紅藍色寶石、K金、黃金。吉祥花卉：桃花、茉莉花。

八、辛金篇概論

辛金先天元神胎在「寅」、長生於「子」、沐浴在「亥」，祿於「酉」，辛金為雲霧，其源來自亥子水，自然現象是秋冬的夜晚會雲霧密布。坎兌先後天八卦同宮，即「辛癸」是同源，逢「辛、壬、癸」則是幽靈雜陳，此局之「壬水」為侵略者，或是「內神通外鬼」。癸水加酉則成「酒」字，年月見亥子、後再逢酉，主有長輩枉死、要求超渡，宜備大牲及酒品祭祖或鬼神，方能消災解厄。

六害歌訣曰：「**玉兔見龍雲裡去**」，象為辛金祿於酉，主魂魄已至「西方極樂世界」。倘若卯之陽域逢辛，為幽魂停留陽間或前來償願，宜妥善安置處理方可免災。並見甲丁辛時，其中丁火卻受剋，主祖先有難、香火不濟，要求繼承。

庚辛屬氣體，即氧氣與二氧化碳，也是「暖鋒」和「冷鋒」，氣象學稱為「氣團」，但庚會依地區或時序而變成辛金。溫度高低差異就會造成空氣流動，流動方向也會轉彎，此象攸關戊己土之高低地勢。

冷空氣的密度大於暖空氣，當冷暖空氣相遇時，冷空氣就會侵入暖空氣的底部（滲透），所以辛日去探病或陰地，不宜選用戊戌之方位或時序。辛金遇高溫（丁）時就會移動，溫度不足就會依附戊土而形成「**密雲不雨，自我西郊**」之狀。見辛金密雲重重，要用庚或丁才能改變現狀。

說卦傳曰：「**帝出乎震，齊乎巽，相見乎離，致役乎坤，說言乎兌，戰乎乾，勞乎坎，成言乎艮**。」其中「**說言乎兌**」指春分和秋分季節陰陽等長而不戰，故地支逢沖時當以「酉」調和，亦可供奉觀音。土逢刑沖者，會廣閱群經以建立「中庸思想」，又因土主靜，亦稱為墓庫而曰孤寡。

【情性概論】

臉型圓長、顴骨寬平、眉毛稍稀，身材中高，肩膀寬，聲音大、中氣足，女性大多不太豐滿。一生為「錢途」打拼，為人豪爽、心直口快，喜怒易形於色，行事缺乏魄力，常因瑣碎事物拖延。

守護神：觀音、地藏王菩薩。喜用數：二、三、十。色：白、金、藍色系。紅、藍寶石。吉祥花卉：蘭花。

九、壬水篇概論

壬水先天元神胎在「午」、長生在「申」，象徵壬是七月形成高溫後所帶來的狂風暴雨，故天干見壬癸，皆要將火做為隱性應用。先天八卦中的乾坤是後天八卦中的離坎，即天地假水火以執行因果。水的河圖數為「一六共宗」，其中一主壬水、為「生數」，主宰帶往地獄；六為癸水、為「成數」，主宰重生。申子辰局的水源自於壬，即壬水長生在申便往流酉子；經丑至辰後，再將海洋的水蒸發成雨霖，所以申子辰局中，只有申藏壬水，餘支皆藏癸水，此三合局就是水循環，也隱藏著「六道輪迴」玄機。

人體百分之七十是水分構成的，水的本質不生不滅且含記憶，所以當人往生後，水分亦殘存於宇宙間執行因果，如此輪迴循環不已。查祖先事宜要以水火為體、木金為用，因水火是輪迴樞紐，木跟金則主魂魄。

乾宮地支是戌亥，此域的有形現象為：亥是海水潮汐、戌主堤岸；無形磁場於此域是日月交替宮位，因而形成「萬有引力」，指物體間之相互吸引作用，也是物體重量的來源。在地球上，重力會賦予物體重量，同時也讓天體相互吸引（陰陽交感），此外，月球引力對地球上的海水也形成了潮汐（坎兌同宮），故壬戌為「月之精」，主宰一切功過及根苗花果傳承事宜。

坤與坎先後天八卦同宮，坤屬「歸藏易」，卦旨為「**厚德載物**」，坎主「德智」，坎坤同宮象徵德行深藏；坤的後天卦位於西南，卦旨為「**西南得明，東北喪明**。」指坤域可得離火常照，因而萬物蓬勃，故丙己為「日之光」，逢象且搭配得宜，必得蔭庇，可享人間榮華，乃因前世積福之故。命格中若「夜見太陽」、「日見星斗」，「必有雲障」，逢此則是磁場問題，但不一定會影響成就，只是一定會有傷害。

壬屬坎卦、為言律，為較固定言語，如學校老師，數十年如一日、變化不大。坎為車：壬為大車，癸為轎車、進口車；丁壬合為開車時喜歡聽音樂。壬子柱天干地支都屬水，水屬有質無形之物，因其可導入任何形狀容器，故契於陽宅地形會呈現不方正、凌亂不整的現象，其弊端為何，我們可將八卦劃分為一卦管三山的情況下論斷，即：壬子癸屬坎卦、居正南宮位；丑艮寅為艮卦、居東北宮位；甲卯乙為震卦、居正東宮位；辰巽巳為巽卦、居東南宮位；丙午丁為離卦、居正南宮位；未坤申為坤卦、居西南宮位；庚酉辛為兌卦、居正西宮位；戌乾亥為乾卦、居西北宮位。

我們都知道孤陰不生、獨陽不長的道理，由此象即可得知，陰陽交媾其呈現的吉凶現象都會相對明顯。每一個方位都有三個坐山，且干支都含陰陽，如坎卦為壬子癸，其中壬為陽、子癸為陰。如果陽宅是吉宅的話，那大門宜開在壬子方，則能產生較好的磁場以利興旺。反之，若是凶宅門又開在壬子，禍害勢必就加倍了，宜速移往子癸純陰卦位，則可降低凶象。讀者評鑑自宅吉凶概況後，可依此法自行調整。丑艮寅卦就比較特殊，上班族或穩定形態的事業儘量開在丑艮方，因丑為冬藏、艮卦為止，代表較穩定；艮寅或甲是萬物終始之域，門若開此方位，三年內會歷經死裡逃生的過程，再逐而往上攀升，故宜先仔細衡量自己的資本夠不夠雄厚再做抉擇。

【情性概論】

臉型圓長、下亭圓滿、眉毛濃，身材中高、肩膀寬，中年易發胖，聲音宏大。生於冬季比較懶惰，生在夏天則終日奔波或言律不斷。壬水常在養兵千日用在一朝的模式中發揮。

守護神：三官大帝、地藏王菩薩。喜用數：一、六。色：紅、藍色系。藍、紅寶石。吉祥花卉：蓮花。

十、癸水篇概論

癸水先天元神胎在「巳」、長生在「卯」，象為癸水本居北方幽域，卻被太陽蒸發成春季雨霖，故癸水與生俱來第六感敏銳，也集禍福因果於一身，但癸為無根水，所以崇尚玄學、不講哲理。見壬寅為人鬼同行；見癸卯則是陰煞或前世冤親債主已追隨至人間。命盤中多見水木，即「水木自親」，水為前世、木為今生，會連結前世未完成的作業，或容易有無形界的際遇。

水逢高温會形成「氣態」、「液態」、「固態」三種變化。「氣態」與「液態」的變化過程是「蒸發」與「凝結」，前者為逢夏運、後者為冬運。水被太陽蒸發後會形成氣流（庚金），此為「氣態」現象，上昇的熱氣流會在空中「凝結」成雲霧（辛金）後，再變成雨水，到了冬天則會形成子丑合之「固態」現象。水在三態變化下會釋放能量，也具吸收熱量作用，對天氣變化有極大的影響力。

水能形成雨、雪、霜、雲、霧、雹、霜……等現象。地球上的水佔七分，土只佔三分，而且水覆蓋地球的面積為百分之七十一，其中百分之九十六點五是海水，百分之三點五是淡水，由此窺知，在地獄排隊等待投胎的僅佔百分之三點五，所以要把握今世再造功德。

天干始於「甲」、終於「癸」，地支起於「子」、終於「亥」，干支相重則成六十甲子，共計六旬，並以旬首告誡此旬規範；唯世人不察，以致有福不趨、有難不避，至癸而終時則有一敗。水火本循環不已，象徵天地鬼神審察人間善惡。癸是太陰星，一如天降之財物，而人乃七情六慾之軀，豈有不貪之理？君子觀悟此象而知，天既降甘霖，豈有不耕而富之理？研易者要君子取之有道，如不「**含章可貞**」而「**施祿於人**」，豈不遭天懲！

【情性概論】

橢圓形、瓜子臉，眉毛濃、柳葉眉，眼睛稍大，膚色偏黑，法令紋明顯、長度過嘴。癸水本達於天津，水不足就會禿頭。個性內斂保守、溫文儒雅，富有同情心，說話輕聲細語，行事再三考慮。缺點是動作慢、耐力不足、無持續力，常感情用事，難以有情人終成眷屬。

守護神：觀音菩薩。喜用數：四、八、十。色：黑色系。瑪瑙。吉祥花卉：康乃馨。

第二節　十干重點應用

一、甲木重點

1甲木逢高溫就會萌新枝，引申為桃花星，即春秋兩季易有桃花際遇。

2甲木的果實為辛、酉，乙木為丙，因乙木邊開花邊結果。但乙逢辛未亦可視為第一期的農作物，乙亥則是第二期收割。逢亥子丑為休耕或可種植短期農作物。

3命格見甲、辛、丁皆與磁場有關或須繼承香火事宜。丁為磁場、甲為當事人、辛是利或弊（結果）。

4並見甲、庚、丙為无妄之災，應期是透丁的流運；並見甲、庚、丁應期則是透丙的流運。此災以丙丁為源、庚為過程、甲為被剋者。

5甲己合化土宜見丑戌土較易成格，見辰未土為借地而居，要待機再往行。

6甲木篇由甲寅為始、甲子為終，甲戌為事業巔峯、甲子為退休心態。

7甲乙之果皆可用辛，但甲丁辛為甲木之根源，乙丙辛為乙木之源。欲探尋來龍去脈時，要善用這個法則。

8年月並見甲乙木易有雙姓祖源，地支暗藏亦可同論。倘若甲至乙化進神，往往只是現象，不會造成傷害；乙至甲化退神，則須妥善處理。

9論風水要參審丑戌土，陽宅則是辰未土，因季節、幽明之異。年月見乙甲化退神或水木過旺，祖墳易浸水或鑽樹根。

10甲乙、寅卯為化進神，主事業順利，亦為桃花旺。年月地支暗藏人元化進神為先天基因良好，但若日時卻化退神或透干，代表時運不濟，要加倍努力；此象若要謀求，最好是躲在幕後，也不要掛負責人。

11木化進神的卦象為「風雷益」，主人緣好有生意頭腦，且桃花旺；化退為「雷風恆」，主夫妻感情不睦，逢之男懼妻、女怕夫。

12五行與四柱宮位為先天，永遠不會改變；十神形態是由日主推演出來的，此象會因造而異。倘若要論斷父母時，月柱並沒有出現財、印，此際應以宮為體、星性為用。

13風山漸卦義為女歸吉，即東南巽女嫁到西北艮方，契於應用，當月柱出現印星時斷母親、財星斷父親，往往時驗時不準，此現象要參考木女金夫，大致以寅至午為女、未至丑為男。

二、乙木重點

1乙庚合為傳播、為風行天下，萬物皆會與其接觸，乃不期而遇之象。

2乙庚合為取而代之，於木旺時為乙木當權，金旺季節則是庚金當權。

3乙木隨風搖曳，象為隨他人之意謀事，只能求小亨通。

4乙木逢春可藉庚氣傳播，至酉則可結果。乙庚合之象為今生有約，也可視為各懷目的。乙庚合而不化，會從事反覆異動的工作，合而化則可穩定從一而終。

5乙木與甲木的生長情性不同：甲結果在酉、終於戌，故其三合局為寅午戌，其質只收成於一季，結果慢但收成多；乙為二期性農作物，其性終於未、亥。當今是多元化社會，所以只要適得其所，不一定是甲木成就較高。

6乙木喜剋辰未土，甲木喜剋丑戌土，如甲乙木剋土不得地，皆有借地而居之過程。

7命帶劫財時，不一定會被奪財，也有可能是劫別人的好處，理當比較彼此的力量。例甲乙要比較其氣勢，要以土做為依據，即可清楚看出。如「甲辰」

見「乙未」時，乙木的氣勢會勝於甲；「甲戌」見「乙丑」，甲木則勝於乙。善用此形態，就可以輕易比較出很多現象。

8 乙木剋戊土必「克勤克儉」，非常認份和敬業，但乙難剋戊，象徵六親難以溝通；甲剋己會想駕馭別人，有當老大的心態，但行為卻不積極或投機，常抱持「得過且過」的心態、安逸無遠志。

9 乙見甲名謂「**藤蘿繫甲**」，可攀附貴人而扶搖直上，但亦有牆頭草之現象。

10 木若向陽必然成長速度快但不紮實，易選擇投機事物；乙、卯剋戊土或生於冬，謀事任勞任怨，但環境多挫折。

11 鼎卦象曰「**巽而耳目聰明**」，指木火通明時必定能幹且事業通暢，不須以缺水論。太極以水火劃分陰陽兩域，並以火為陽、水為陰，見旺水困木則為祖先香火事宜。

三、丙火重點

1丙庚為「同人」，兩者皆順行同旺春夏，但火運行至戌則遯，此際丙遯庚不遯，自然現象是戌巳陽陷，但風依舊很強，猶庚戌柱易造成師出無名之現象。應用時則是暗巷、壁刀、天斬煞所構成的肅殺之氣。

2丁火為太陽下山後所遺留的餘溫；年月見丙丁地支坐水為雙姓祖先。

3丙火祿於巳，情性陽極反陰，一生起伏較大。丙為運行不息的太陽，有知進不知退的現象，自然也較不易守成，所以不適合理財。

4四柱中見巳火者，姓名中易出現「爻」或「奔跑」字根，例：文、貝、軍、中。澤火革卦曰「**巳日乃孚**」，即命盤中有火的人，比較容易與天地磁場交感，自然也比較與改運性質之事有關。

5丙火見癸水為陰晴不定，一生變化莫測。水火交重為明暗不一。

6天雷无妄卦九五爻曰：「**勿藥有喜**」，九五乾體變離乃磁場不良所造成的現象，如庚見丙子為犯陰煞、丙庚見土為周遭屋基型煞。煞氣是無形磁場造成的，服藥理當無濟於事，宜改善方為良方。

7丙火落陷，主謀事不光明或容易犯陰煞。戌後見巳午，為挑燈夜戰之象；年月巳午至戌為火化進神，乃「**王用出征**」，亦主師出有名。

8丙火具有多種顏色，象徵文明亮麗但人生多變化。丙化退神為陽氣不足，易患心血管疾病。

9甲見丙可催生甲乙木而長，主性情急躁，也代表急速完成之事。丙癸互換者，喝酒後話特別多。

10丙為自然「官星」，象徵權貴，熱衷政治；見土則晦火、為廟宇、熱情、雞婆。

11壬癸為血、丙庚為氣，髮為血之餘，火旺水弱、雄性激素太過，毛髮粗，易禿頭。

12傳統命理火不以食傷取文昌，乃因土濁之故，但這個理論不見得完全正確，因土主思、必能生智，況逢壬辰、壬戌之類皆有可能出國留學。倘若見未土，就有先迷後得之象，即剛開始學習不佳，一旦有興趣了就會迎頭趕上。

四、丁火重點

1丁主磁場，年月干透丙丁或化退神，應有倒房或雙姓祖先。

2山風蠱卦以「丁、甲、辛」為用，地支組合佳者易成格，可得到磁場庇祐，也會概括承攬祖上的利弊事物。

3丙辛合化天干水為自然天成，合化在地支只適合從事固定形態或檯面下的事物；丁火雖可讓辛金化成水，但須勞而有成或靠智取。

4丁在暗地可發揮功能，居於亮處則易因逞強而敗，即容易敗在自己專業領域中。

5丁須見甲事業才能永續經營；見乙木則易成易敗或轉行，因乙木不易過冬之故。

6丙丁排序不對，內部必有隱情或香火磁場阻礙，巳午同論。

7火主禮。化退神為無法善應環境、競爭力不強、怕生，明堂與家中格局亂。

8天干逢癸丁往往比子午沖嚴重，因顯於天干乃已付諸行動。命盤中逢癸丁交戰者是非口舌多，加上地支刑沖則有官訟。

9逢丙癸或癸丁，容易住在紅綠燈附近或臨小巷。水火交戰的格局很容易犯陰煞，居宅必定有負能量，也要特別留意家中安的神明。尤其丁代表雜亂，除了要注意環境整潔外，千萬不要擺設太多飾品或字畫。

五、戊土重點

1木多土寡為住家坪數不大或擺設不良。

2辛金見戊土，象為雲霧棲息山腰，象徵力求穩定，但眼光不遠、只求短利，常誇大其詞，但很難達到目標，凡事會拖延、不如預期。

3戊見己為化進神，見此為「居高臨下」；土為官星，事業心重，也易昇遷；土為印星，可掌權或置產。土化退神會登高必自卑或自以為是。己到戊易導致孤獨。

4戊甲為高山大樹，逢庚、丙、丁會造成亂流來剋甲木，逢此姓名中不宜逢兩口，因有兩個口的字根，就會造成氣的對流，唯若八字中辛金過旺則不忌。戊干或有丑戌的八字，擇甲木字根為用，可成器且會延年益壽。

5見丙戊庚為廟地，逢此，若是住家周遭有宮廟，易有凹風煞或壁刀，也容易夢見幽事。

6戊見壬為山下出泉，亦為兵分兩路。癸水為言律，見癸戊癸為翻譯之象。

7戊土重、水輕，必家行小徑、門路不對，也不宜走後門或從地下室進出。

8戊己並見，含剝而後復或復而後剝之象，易離鄉背井或六親離異，謀事也易起伏不定。

9戊山有一體兩面，猶一面禮佛、一面求明牌，指有兩面情。

10戊土為天醫星、主醫藥，也可擋煞去病。見戌為忌者，廁所必壓天醫位。

六、己土重點

1戊至己為厚下安宅，房屋有後靠，大致為順水局。

2己土日主不愁木盛，見甲乙混雜，易犯桃花，女命情人多。
3己雖可育木，但木隨火成滅，故火傷明夷時，人事必定有損。
4並見戊己土，於物豐時要「**裒多益寡**」，布施方可免災。
5戊己土並見時，戊必剝於己，戊為施者、己為受惠者。
6未辰皆暗藏乙木，土中並見木者，為瑣碎之人事物。
7己見庚為傷官、為我追求之事；丙庚己並見為風行天下；庚遇戊會因阻礙而腐敗；己見辛則含蠱象。
8乙木剋己土為入土三分，謀事速成但根基不穩。

七、庚金重點

1庚見丙丁會常遇到左右為難的事，因丙庚順行同往，丁氣則逆行，此象也會造成亂流，亦會傷剋甲木。
2庚金作戰時，宜以南方作為基地再往四方擴溢，至北方則為事業終點。

3庚為將軍，謀求須具魄力與效率，剋甲木必懷野心，見乙木會隨之搖曳，容易因不果斷而難以成事。

4庚金需要淬鍊，即鍛造時將燒紅的金屬浸入水中即可完成，所以庚金見火後仍要見水方可成格，否則會徒勞無功。

5庚金於本地謀事格局不高，因將軍不出外作戰就沒有戰功。

6乙庚合逢水運，只想智取、缺乏動能。

7丙見庚辛（申酉）為桃花、也為夫妻反目，乃豹變之象。

8庚見己為風行天下，可暢行無阻；逢戊高山必阻風行，久之，庚則會變成辛而致蠱也。

9庚見壬為剛中而來、乃血流成河之象，其事業必須勞碌奔波方成，見癸則為靠嘴成事（說客、業務員）。

10庚、申，辛、酉並見又逢亥子，乃血光之象。因庚辛並見必須擇一而存。

八、辛金重點

1辛金為雲霧，並見辛、乙、戊為低雲層，理想較低或屋宅容易出現弊端而造成傷害。

2辛金為二氧化碳，見辛金重重易犯幽事，且傷肝膽、筋骨，乃因屋宅氣流不暢所致。

3辛金為幻想、為財帛、為果實、金銀珠寶，屬完美主義者。

4辛金為陀羅星，謀事延滯不前。常執泥己見，不好溝通。

5辛見戊為密雲不雨、逢己丑為滿倉果實，見未則易致蟲。

6庚至辛為「**月幾望**」，即月相將圓，利於祈福。逢辛至庚階段為環境不適。

7命格多見辛金，生秋冬者較易發胖、生春夏者較瘦。

8壬癸辛為地下三奇，壬癸是陰煞，辛、酉是感應者。逢酉合巳局宅穴大致是平洋龍。

九、壬水重點

1水為萬物之根、壽命之源、福德之主，解厄益壽之宿。

2水居冬之貞位，故為懶惰星；但春夏得運則須手腦並用。

3水有質無形，能隨遇而安，親和力強，勇於挑戰陌生環境。

4火為名、水為利，故水命淡泊名聲，但重視利益。

5水的本質為流動，可類化為歷史、數學、語言、生化、車輛。

6水的本質表柔內剛；俗云：柔情似水，但也隱藏恩怨、愛恨兩極。

7俗云：滴水穿石；壬水富有毅力，謀事鍥而不捨。

8壬癸皆屬坎卦、為險。壬為剛中而來之水，易有突發性意外；癸水比較屬是非、陰煞之類，但也容易車禍。

十、癸水重點

1水為車。壬水為大車，癸水為小車、進口車。

2年月見癸丙、丙辛、巳申皆宜慎尋祖上根源之弊。

3癸水可富以其鄰、普濟萬物，踏實經營者可致富。投機者大致會因嗜到甜頭後因心生投機而破敗。

4壬癸皆屬坎卦，但子酉為一體，即坎兌同宮；壬癸水之源雖為子，但癸已被蒸發至異域了。

5癸水主投機星，無論在命或大運見之，易因投機或近鬼神而敗。

6癸戊丙之象為山體有陰陽兩面，象徵有雙重情性。戊癸為陰面事物、戊丙主陽面事物或外在情性。

7癸水之源祿於子卻來自於天，故為無根水，所以易感應鬼神之事，宜行正道，不可怪力亂神才不會致敗。

8子酉為坎兌同宮，懷泰山崩於前而面不改色之情性。

第三節　六十甲子象義應用

初學者往往會一招半式就行走江湖，但再學三年卻感寸步難行。因八字學理論可謂無遠弗屆，甚而可以論及人鬼神諸事，所以必需瞭解天文、地理及氣候變化；倘若欲遍行國際，還要知悉國情文化。然而各種學術皆要契於自然情狀，再應用到各種類化。

所有的五術都必須要去類化，才能道盡本末原由，但任何事物的形成必定有其邏輯，於此用易經重卦來舉例說明，例：山澤損卦是上艮下兌相重而成，那為何會謂為損卦呢？因為損卦中爻互震木，艮兌是山中雲霧密布之象，而甲木喜火方能參天而長，雲霧重重則不利木成長，況兌艮的季節是秋冬。所以見辛金逢戊之高山時，其象為山中雲霧密布；甲乙木逢辛就是樹木成長至秋已獲果實；辛見丙就是天空的雲霧或太陽被雲霧蒙蔽，也有可能已是烏雲密布、即將下雨，具備這種觀念後，才能富邏輯性的道出事物真相。

為了增強類化能力，後面於六十甲子中每一柱都有三句成語，第一句是「主題」，可以當成作文題目，其左邊兩句是「模擬」應用介紹。當把握主題後就可自行的無限發揮，所以易經八字不需用公式，但大家要增強自己的想像力，如此便能「**見群龍無首吉**」，以到達青出於藍的境界，不知不覺中也提升了自己的思考能力。

甲戌	甲申	甲午	甲辰	甲寅	甲子
高山神木 地靈人傑 屹立不搖	樹大招風 如臨大敵 盛氣凌人	芒種花開 人強馬壯 膽顫心驚	虎躍龍騰 粗枝大葉 借地反攻	枯木逢春 枯楊生稊 後無來者	寒冬孤木 松柏常青 前無古人
乙亥	**乙酉**	**乙未**	**乙巳**	**乙卯**	**乙丑**
遠渡重洋 水漲船高 異地發展	僅存碩果 鶴立雞群 仁義皆備	漠南草原 利用行師 亡羊補牢	百花齊放 移花接木 曇花一現	雷鳴物萌 肝膽相照 百家爭鳴	松柏長青 一支獨秀 才高八斗
丙戌	**丙申**	**丙午**	**丙辰**	**丙寅**	**甲子**
日落西山 天狗吃日 懸崖勒馬	日中則昃 否之匪人 天馬行空	日正當中 氣貫長虹 無影無蹤	飛龍在天 薪火相傳 近官利貴	黎明日昇 明目張膽 自動自發	冬天太陽 男之窮也 迷惑世人
丁亥	**丁酉**	**丁未**	**丁巳**	**丁卯**	**丁丑**
海中燈塔 萬家燈火 飛蛾撲火	星月交輝 咸感陰陽 憑空想像	返本還原 古道熱腸 隨心所欲	青出於藍 心到神知 飛鳥遺音	溫故知新 光風霽月 見兔放鷹	夜見星斗 名望一村 挑燈夜戰
戊戌	**戊申**	**戊午**	**戊辰**	**戊寅**	**戊子**
天山相連 森羅萬象 十年反常	謀如湧泉 物品供應 供不應求	峰巒火炎 文明於內 另有圖謀	融貫萬法 山谷日蔽 守株待兔	久頤待萌 騎虎難下 自立更生	山下有險 難暢其流 止而入聖

己丑	己卯	己巳	己未	己酉	己亥
兼容並蓄 貫徹始終 以偏概全	芝蘭新茁 山崩地裂 呼之欲出	明入地中 開宗明義 明學暗擬	天高地闊 集思廣益 正中下懷	碩果天遺 屏氣斂息 立地成佛	養兵千日 養精蓄銳 有備無患
庚子	庚寅	庚辰	庚午	庚申	庚戌
天之驕子 作戰成功 放下屠刀	春天寒風 勞其筋骨 飛來橫禍	龍登寶座 練武之地 天文地理	臨陣磨槍 無功而返 午時問斬	七月狂風 嚴陣以待 半生不熟	山上寒風 終以待命 狐群狗黨
辛丑	辛卯	辛巳	辛未	辛酉	辛亥
冬藏果實 壁庫藏金 知而不語	雲蔽草木 祖源不明 斬草除根	撥雲見日 察言觀色 事必躬親	晴空萬里 用大牲吉 有求必應	中秋月圓 雨澤相悅 功德圓滿	夜晚雲霧 一頭霧水 海底撈月
壬子	壬寅	壬辰	壬午	壬申	壬戌
深不可測 任重道遠 流水不腐	白雪陽春 水木自親 人鬼同行	水滿為患 如臨大敵 背水一戰	瑕瑜互見 名正言順 言如流水	剛中而來 求神而應 天意如此	山高水歧 寸土必爭 分道揚鑣
癸丑	癸卯	癸巳	癸未	癸酉	癸亥
冰天雪地 含章可貞 家道淵源	春雨綿綿 如雷灌耳 幽靈光顧	祈天求雨 假扮天使 杯弓蛇影	六月飛霜 整師待戰 水乳交融	流水歸澤 滿足現狀 心裏有鬼	招兵買馬 福禍相倚 過河拆橋

第四節　六十甲子象義配卦

雷水解卦六三爻曰：「**負且乘，致寇至**。」負、指下坎為北方，因幽暗難耕、缺乏物資，因此淪為盜寇，於是憑藉與生俱來的本能掠奪財物；乘、指上震為東方文明區域而物豐，因而屢遭坎盜掠奪財物。孔子則契曰：「**作易者，其知盜乎？**」易經為群經之首，許多似懂非懂的人則藉以圖名求利。但坎盜掠奪有形物資，和假易者竊以圖利，這只是陰陽、明暗不同，凡強取或巧奪者，其行為只是明暗之別，與強盜又有什麼差別呢？

自西元二千年出版《**易經八字新論**》一書後，便開始撰寫《**六十甲子象義**》，用來解釋六十甲子中每一柱的自然現象和應用，並將六十甲子對應到易經六十四卦，以作為職業班教材，距今已二十餘載。但有些許不肖之徒卻盜為秘笈，高價販售或當作教學誘餌，非法詐騙斂財；更誇張的是網路商行，盜版在各大群組販售，竟然連我的群組也公然廣告販賣。在此提醒各位讀者，以上所盜用的資料絕對是不齊全的，倘若有讀過關於《**易經八字**》或《**觀象六十甲子**》系列的讀者，千萬別誤以為其準確度不足，全是因為那些資料只是片面學理而已。倘若想再精進的人可以直接找我，保證絕對物美價廉，且會傾囊相授、終身輔導，學理也會讓您讚不絕口。出版這本書的主要目的是做為《六十甲子象義》的導讀，爾後若再出版，就可以輕而易舉的踏入《易經八字》的最高領域。

學過《**六十甲子象義**》的人，最大的疑惑就是配卦的問題，例「**甲子**」柱為何配「**雷水解**」卦？「**壬寅**」柱為什麼要配「**水雷屯**」卦？其實配卦只是提供一個概念，以方便引領大家進入易經門戶。配卦要義首取該卦與該柱的相通情節，次取五行的共通性。

為什麼甲子柱要配雷水解卦？因「**甲子**」是「**冬天老樹**」，「**雷水解**」卦之象義則是解除險難，甲子柱因天干已透甲，季節是春天，象徵已脫離幽暗坎域。壬寅為什麼配水雷屯卦？「**壬寅**」是「**樹木逢春**」，但天干卻透壬水，而「**水雷屯**」卦是「屯積」，也是剛柔始交而難生，兩者相通之處是初春寅木勿勞印生，反喜取火暖生，故其象似屯。

流年大運本循環不已，當「**甲子**」成長至冬時也會變成屯，「**壬寅**」逢春夏也會甲坼而解。所以配卦只是一種概念，也可以將它視為「體」，流年大運則是「用」，如此方能到達「**易、不易、變易**」的無為境界。

六十甲子與六十四卦象義彙整

甲子	甲寅	甲辰	甲午	甲申	甲戌	乙丑	乙卯	乙巳	乙未	乙酉	乙亥
䷧	䷲	䷟	䷶	䷛	䷽	䷴	䷩	䷡ ䷤	䷓ ䷏	䷵	䷺
雷水解	震為雷	雷風恆	雷火豐	澤風大過	雷山小過	風山漸	風雷益	雷天大壯 / 風火家人	風地觀 / 雷地豫	雷澤歸妹	風水渙
40	51	32	55	28	62	53	42	34 / 37	20 / 16	54	59
丙子	丙寅	丙辰	丙午	丙申	丙戌	丁丑	丁卯	丁巳	丁未	丁酉	丁亥
䷉	䷢	䷱	䷝	䷋	䷷	䷒	䷔	䷍	䷠	䷥	䷣
天澤履	火地晉	火風鼎	離為火	天地否	火山旅	地澤臨	火雷噬嗑	火天大有	天山遯	火澤睽	地火明夷
10	35	50	30	12	56	19	21	14	33	38	36
戊子	戊寅	戊辰	戊午	戊申	戊戌	己丑	己卯	己巳	己未	己酉	己亥
䷃	䷚	䷑	䷕	䷯	䷳	䷎	䷗	䷭	䷁	䷖	䷆
山水蒙	山雷頤	山風蠱	山火賁	水風井	艮為山	地山謙	地雷復	地風升	坤為地	山地剝	地水師
4	27	18	22	48	52	15	24	46	2	23	7
庚子	庚寅	庚辰	庚午	庚申	庚戌	辛丑	辛卯	辛巳	辛未	辛酉	辛亥
䷅	䷘	䷫ ䷸	䷌	䷀	䷙	䷞	䷐	䷰	䷬	䷹	䷮ ䷪
天水訟	天雷無妄	天風姤 / 巽為風	天火同人	乾為天	山天大畜	澤山咸	澤雷隨	澤火革	澤地萃	兌為澤	澤水困 / 澤天夬
6	25	44 / 57	13	1	26	31	17	49	45	58	47 / 43
壬子	壬寅	壬辰	壬午	壬申	壬戌	癸丑	癸卯	癸巳	癸未	癸酉	癸亥
䷜	䷂	䷻	䷾	䷄	䷦	䷨	䷼	䷊	䷇	䷈	䷿
坎為水	水雷屯	水澤節	水火既濟	水天需	水山蹇	山澤損	風澤中孚	地天泰	水地比	風天小畜	火水未濟
29	3	60	63	5	39	41	61	11	8	9	64

第五節　觀象實例應用

年　乙卯
月　庚辰
日　丁未
時　壬子

話說三國時期誕生了一位天下第一軍師，為了介紹此番情節，暫且假設他的八字以做觀象解說。孔明「借東風、火燒連環船」及「草船借箭」，此番歷史情節大家應該都不陌生，但欲知此番原由，要先瞭解風（庚金）是怎麼產生的，東風又是從哪裡來的。風向是太陽照射於異域海洋所引起的對流現象，太陽運行有固定規律，所以四季的風向都不同，故稱「信風」或「訊風」，顧名思義就是天的訊息是很守時及講信用的。因為什麼季節必定會吹什麼風，這是不變的定律！所以，八字中見「甲丙庚」，此象是春夏季節的和風（庚金長生在巳），見「甲丁庚」則是秋冬季節的風（丁火長生在酉）。又因陽順陰逆，故丙庚是同氣相應；丁剋庚則會轉變風向。

庚金猶如猛將，只會勇往向前殺敵，而丁之軍師則是居於後方運籌帷幄、善用策略。秋天的風帶著肅殺之氣，所以得「甲丙庚」之和風時，必然是春風得意、甚而得意忘形；但太陽是運行不息的，一旦運行至戌支、火入庫後，就會轉變成肅殺之氣；因此「甲庚並見丙丁」時，無妄之災必隨之而來，且往往是防不勝防的意外。逢此現象可以在東方放一盞我製作的「澤天夬」燈以降低傷害，效果保證優於遁甲術！因西北方為肅殺鬼風，必須運用夬卦之下乾，決除上兌陰煞。秋夜時霧氣會夾帶較多水分，此乃坎兌同宮之象，因而陰氣較重，故夬卦的宗旨為決斷，就是「決」字去除陰邊的水則成「夬」，乃除陰煞象也。

庚乙為先後天的天機星、亦主東風；丙火是離卦的上下陽爻，丁火是離中虛、即藏於兩陽之中的陰爻，乃軍師象也。子辰半合水為長江，水見乙卯為「乘木有功」、「水上行舟」。乙木亦為草人、庚金為箭，乙庚合為草人之上有箭象也。

時柱為「壬子」、主江水，時柱又為外在的人事物，故可視為敵人和禦敵的季節。子是冬季，中國位處溫帶季風區，由於海陸性質的差異，風會從西伯利亞吹來，再受到地轉偏向力的作用，所以這個季節會吹西北風。既知風向由來，且天象是無法變更的，那孔明何以能借到東風呢？

赤壁大戰時屬隆冬季節，此際只有西北風，而曹兵隔江在西北方、聯軍在東南方，曹兵在風頭的位置，聯軍若採以火攻，只會傷了自家戰船，當時可謂「萬事俱備，只欠東風」！所以孔明向周瑜詐稱自己會道術、可借東風，並要求在東南方築七星壇。其實諸葛亮並不會施法，只因為他通曉天文地理，並用漢易卦氣「六日七分法」來作推演，即：冬至值卦為坎、春分在震、夏至在離、秋分在兌。再將一個地支配五個卦，六十四卦扣去坎震離兌後，剛好配上六十個卦。子月冬至的十二辟卦是地雷復，復卦一陽來復，大象又成震，因而推曉雖為冬季，偶爾也是會出現東南風。我猜想：諸葛亮築七星壇，應該只是為了掩飾推算後的些許時差罷了！

筆者於近而立之年開始研習易經、八字、風水。於二〇一八戊戌年時伏羲祖師爺於夢中垂象，並化象八卦為圖騰，吾則日以繼夜研究，並將易理化為實象，開發出多款易經能量產品，志在幫助運蹇體弱者。經數年不斷累積經驗後發現，除了身體自然衰退外，諸多不明病因或運蹇因素，皆源於身體卡陰、導致產生負能量所致！而產生這些負能量的因素，最大來源竟然是宮廟的平安符（終於體會出孔子說的「**務民之義，敬鬼神而遠之。可謂知矣！**」的真實含義了），還有包括隨身飾品、家中風水及擺設或圖騰、字畫彫刻、工作場所格局……等。近年來也常透由手機幫人化解卡陰現象，治癒者不在少數。

世上究竟有沒有鬼是歷來爭論的議題，我則一向抱持不敢妄論的態度。直至壬寅年初，我竟然親眼見到鬼！吾人深知易理之中皆會論及鬼神事宜，例謙卦彖曰「『**鬼神**』**害盈而福謙，人道惡盈而好謙**」；睽卦上九曰「**睽孤，見豕負塗，載『鬼』一車；先張之弧，後說之弧；匪寇婚媾，往遇雨則吉。**」；豐卦彖曰「**日中則昃，月盈則食；天地盈虛，與時消息；而況于人乎？況于『鬼神』乎？**」；既濟九三曰「**高宗伐『鬼』方，三年克之，小人勿用。**」；未濟九四曰「**貞吉，悔亡。震用伐『鬼』方，三年有賞于大國。**」；繫辭上傳「**精氣為物，遊魂為變，是故知『鬼神』之情狀，與天地相似，故不違。**」；「**天數二十有五，地數三十，凡天地之數五十有五，此所以成變化，而行『鬼神』也。**」易中提及鬼神諸事不勝枚舉，因此著作是八字書籍，不宜在此贅言過多及一一詳加解釋，僅舉此例說明該日課的真實現象。其中傳曰：「**天地設位，聖人成能，人謀鬼謀，百姓與能。**」天地尊卑定位後，萬物的行舉就有了依循，無論人鬼神皆要遵循天地運行的規律。然而天地、鬼神皆不語，我們只能藉由天地之春秋時節變化，來契合鬼神的意思以理解萬物成滅之由，如此方不致淪於怪力亂神之說。

為了讚頌伏羲祖師爺的偉大功勳，容我在此怪力亂神一下！當今敏感體質或能通靈者甚多，但他們往往是接收到一種訊息或影像後，就各憑本事自圓其說了，因為他們雖然能接收到訊息，卻未具有指引迷津的本能。深悟道法自然及易中哲理者，就能契應天地法則、富邏輯性的剖析其中含義，以達陽冥兩利之目的，讓陽世者不受干擾、游魂有所依歸。

辛丑年我看到了「乙卯」年那個八字時，內心暗自訝異，此造為何那麼奇特！當時她說有通靈人士及命理師交代她不能近水邊。此人有些敏感體質，也能感受到無形空間事物，我斷她身旁有幽靈跟隨，告知是因為打從上輩子就一直跟她並肩作戰，且戰死沙場後她都有幫忙善後，所以這輩子祂們是來報恩的，因而她財運很好。她回說：早期加盟過五間85度C，且股票經常獲利數倍。我說：雖是幫妳，但畢竟陰陽磁場不同，身體容易出現狀況。於壬寅年間，有次她忽然頭痛不已，吃過止痛藥依然無效，我看了一下當時的日課後就了然於胸了！

日課實例

年 壬寅
月 壬寅
日 癸丑
時 癸亥

全盤幾乎沒有陽氣且天干皆透壬癸，乃幽靈已至象也。由壬寅至癸丑為「君子有終」，因寅是一年之始、至丑為終，乃幫忙「輿尸」善後之象；至於此處所以論為作戰，乃因將癸視為坎卦、丑為艮卦，坎艮相重後則是水山蹇卦，卦義云作戰、孫子兵法應用；又壬寅主水雷屯卦，宗旨為萬物始萌，因蒙昧不曉耕獵，故以掠奪養命，乃兵荒馬亂時代（可參考《六十四卦應用》）。

該日此人皆正常無事，但一交癸亥時突然頭痛不已（戌乾亥為頭），當時立刻用我製作的「夬卦杯墊」能量水給她飲用、幫她制煞，但才舒服了半小時，之後又開始頭痛起來。心想：我的法寶從未失敗過，為何會如此？於是再用夬卦探照燈照她後背，感覺也沒有反應，接著就照後腦，豈料她後腦竟然浮現出一個鬼頭，披頭散髮、臉色青綠，就好像泡水已久的模樣，兩眼還直瞪著我，彷彿宣示根本沒在怕（當事者也自稱常看到這個樣貌！）這是我生平第一次見鬼，鬼頭浮現的當下我內心並未感到害怕，還對祂說：我帶你到土地公廟，燒紙錢給你好嗎？此時祂眼睛瞪得更大，彷彿在回應祂不要錢，此刻我開始懷疑「有錢能使鬼推磨」這一句話的真實度！

後來帶她到工作室，此時剛好有位洪教授在場，我請他在祖師爺畫像前作法，他持咒約一分鐘後，那個鬼頭又浮現了，而且眼睛越瞪越大。我暗想每每逢到課題，祖師爺皆會相助，為何這一次會袖手旁觀？於是細敲該時日課。發現壬寅至癸丑已結成堅冰，乃無法超生象也；四柱中一柱管十五年，四柱共六十年，故命盤中的四柱本為一個圓周，所以至時柱後，會終而復始返歸年柱。癸亥是六十甲子最後一柱，亥也是種核，亥去合年柱寅木，乃要求投胎象也；了解這位鬼兄弟的想法後，於祖師爺見證下，跟祂說：「帶你到地藏王菩薩那裡好嗎？（地藏王菩薩負責超渡鬼魂）」，擲到聖筊後奇妙的事發生了，本來一直頭痛著的當事者，瞬間恢復正常（奇妙的是，頭痛現象從小就有，之後就不藥而癒了）。

我終於瞭解伏羲祖師爺的本意了，並發自內心讚嘆祂公正無私、不偏不倚、講求冥陽兩利，這種情操真的太偉大了！也感謝這位鬼兄弟幫我上了一課，更深深體會任何術法都無法解除冤親債主，即「法術不敵神通，神通不敵業力，業力不敵願力。」讓我更加能明瞭「心」的重要性，及陰陽「道法自然」的真諦，乃一草一木皆玄機也。

七彩杯墊

瞬間可讓各種飲品味道變得甘甜。也可當小夜燈，可置於神明廳、辦公室、臥室，以增強空間能量。犯陰煞者將開水置放五分鐘後飲用，可立即消除，未使用前可先拍照，再比對前後眼神，效果立竿見影。

手機銅片

有效隔離各種電器幅射。貼在手機背面，對方接通手機後，可做人體平衡測試，以證實能量，並可將能量傳遞到世界各地。

教學影帶

壬寅年易經八字現場上課影片（DVD十三片）原價三萬六，現二折價優惠，國內免運。為回饋購買同好，另贈能量商品，祈一同見證易經妙象。匯款帳號：苗栗南苗郵局：代號700　帳號0291042-0279407。

聯絡方式

通訊地址 / 苗栗市中正路九七七號
諮詢電話 / 0982-333460 0938-223337
LINE諮詢 / ID：037337799
室內電話 / 037-337799 037-329977

服務項目

（一）免費手機電腦排命盤。
（二）免費易經卜卦占斷。
（三）網站免費收驚化煞。
（四）八字與學員心得分享影片。
（五）http：//www.iching3289.com。

能量吊飾

可制壁刀及各種型煞，也適用於改善門廚廁。吊掛車上可助於行車安全。

能量項鍊

增強身體能量、改善體質，有效預防意外狀況。任何一種產品皆可做人體平衡測試，以證實能量。

舒眠枕巾

可以改善睡眠品質。長期失眠者，可搭配項鍊及杯墊。

國家圖書館出版品預行編目資料

易經八字闡微 / 何榁鑨著. --初版.
-新北市：宏道文化事業有限公司出版：
雅書堂文化事業有限公司發行, 2023.01
400面；23x17公分. -- (知命館；6)
ISBN 978-986-7232-95-3(精裝)

1.CST: 易占 2.CST: 生辰八字

292.1 111019952

知命館06

易經八字闡微 論不準是我的錯 沒有看是您的錯

作　　者／何榁鑨

總 編 輯／徐昱
封面設計／古依平
執行美編／韓欣恬
出 版 者／宏道文化事業有限公司
發　　行／雅書堂文化事業有限公司
郵撥帳號／19934714
戶　　名／宏道文化事業有限公司
地　　址／新北市板橋區板新路206號3樓
電子信箱／sv@elegantbooks.com.tw
電　　話／02-8952-4078
傳　　真／02-8952-4084

初版一刷　2023年1月1日

定價 680元